RIFERIMENTI

Ai pionieri dei microsistemi clinici, il Dr. Paul Batalden, il Dr. Eugene Nelson, la Dr.ssa Julie Mohr, la Dr.ssa Marjorie Godfrey, e ai molti altri importanti studiosi del Dartmouth e non solo, questo libro è umilmente dedicato.

La vostra saggezza collettiva, l'instancabile dedizione e la leadership trasformativa hanno costantemente spinto i confini dell'assistenza sanitaria. Ognuno di voi, con le sue intuizioni uniche e il suo impegno costante, ha contribuito in modo significativo alla fondazione e all'evoluzione dei microsistemi clinici.

Dottor Batalden, la sua passione per il miglioramento continuo e la sicurezza dei pazienti ha rivoluzionato l'assistenza sanitaria, aprendo la strada a numerosi progressi nel settore.

Dottor Nelson, la sua esperienza nella cura dei pazienti e il suo approccio innovativo alla misurazione della qualità dell'assistenza sanitaria hanno sfidato le norme tradizionali, portando a un profondo cambiamento nella nostra comprensione dei microsistemi clinici.

Dottor Mohr, le sue riflessioni sulla sicurezza dei pazienti e la sua diligente ricerca sono state fondamentali per guidare la nostra comprensione della complessità dei sistemi sanitari e del loro impatto sui risultati dei pazienti.

Dottor Godfrey, la sua leadership nella progettazione e nell'implementazione di microsistemi ha offerto nuove prospettive su come l'assistenza sanitaria possa essere resa più efficiente e incentrata sul paziente.

A tutti gli studiosi del Dartmouth e a coloro che hanno dato contributi indelebili al campo dei microsistemi clinici, i vostri sforzi collettivi hanno plasmato e continuano a plasmare un sistema sanitario più efficiente, incentrato sul paziente e di alta qualità.

Prefazione

Navigare nel complesso e dinamico campo dell'assistenza sanitaria è come navigare in acque inesplorate. Le mutevoli maree dei progressi tecnologici, i cambiamenti delle politiche e le esigenze dei pazienti richiedono una strategia in continua evoluzione. In prima linea in questo viaggio impegnativo ma gratificante ci sono i microsistemi clinici, dove l'assistenza viene fornita nella sua forma più cruda e profonda. Questo libro, "Guidare Microsistemi Clinici dall'alto", offre una guida perspicace all'intricato funzionamento di queste unità sanitarie cruciali.

I primi capitoli di questo testo completo esplorano i concetti fondamentali, introducendo il lettore alla definizione, all'importanza e al ruolo dei microsistemi clinici nell'assistenza sanitaria. Approfondiamo i fattori di successo essenziali che caratterizzano i microsistemi clinici ad alte prestazioni e forniamo una comprensione sfumata delle strutture di leadership che li guidano.

La leadership non è un concetto univoco, soprattutto nel contesto dei microsistemi clinici. Per questo motivo, dedichiamo una discussione significativa alle varie teorie della leadership e alla loro applicabilità in questo contesto. Dai modelli tradizionali ai concetti emergenti come la leadership coprodotta o diadica, questa esplorazione degli stili di leadership fornirà ai lettori le conoscenze per comprendere e potenzialmente implementare vari approcci alla leadership all'interno dei loro microsistemi.

Partendo da queste conoscenze fondamentali, il libro fornisce una tabella di marcia per lo sviluppo delle competenze di base della leadership necessarie per una leadership di successo nel microsistema. La visione strategica, la comunicazione, il team building, la risoluzione dei conflitti e la competenza culturale sono tra le competenze esplorate, ognuna delle quali offre strumenti preziosi per i leader attuali e futuri.

I capitoli successivi approfondiscono gli aspetti pratici della leadership all'interno dei microsistemi clinici. Si concentrano su argomenti come la pianificazione strategica, lo sviluppo di team ad alte prestazioni, il miglioramento dell'assistenza ai pazienti e la gestione del cambiamento, elementi cruciali per mantenere un microsistema efficace ed efficiente.

Gli scenari del mondo reale sono preziosi per comprendere le applicazioni pratiche delle teorie e delle strategie di leadership. Per questo motivo, abbiamo dedicato un capitolo a casi di studio tratti da vari microsistemi clinici, offrendo lezioni sia da esempi di leadership di successo che da esempi di minor successo. Questi casi di studio forniscono una lente pratica attraverso la quale i lettori possono esaminare i concetti discussi.

Poi guardiamo al futuro, esplorando le tendenze e le tecnologie emergenti e il loro impatto sulla leadership nei microsistemi clinici. Mentre ci addentriamo nel futuro della formazione alla leadership per gli operatori sanitari, speriamo di ispirare i lettori ad adattarsi ed evolversi continuamente nel loro percorso di leadership.

"Guidare Microsistemi Clinici dall'alto" è più di un libro: è una bussola per navigare nel panorama in evoluzione della leadership sanitaria. Il viaggio può essere impegnativo, ma le ricompense sono immense. Attraverso questo libro, vi invitiamo a unirvi a noi in questo viaggio, per imparare, crescere e trasformare l'assistenza sanitaria un microsistema alla volta.

Buona lettura!

Thomas P. Huber, PhD, MS ECS

Introduzione

Il concetto di microsistema clinico sottolinea la convinzione che la struttura e i processi dell'assistenza sanitaria siano meglio compresi e migliorati a livello di interazione tra pazienti, famiglie ed équipe di cura. Il termine "microsistema" riflette questa nozione di zoom sulla più piccola unità replicabile (SRU)[1] all'interno di sistemi sanitari più grandi.

In genere, un microsistema clinico:

- È composto da un piccolo gruppo interdipendente di persone che collaborano regolarmente per fornire assistenza a sottopopolazioni discrete di pazienti.
- Ha obiettivi clinici e aziendali, processi collegati e un ambiente informativo condiviso.
- Produce risultati di performance che vengono misurati e i miglioramenti vengono apportati in cicli iterativi.
- Fornisce una ricca serie di informazioni e servizi al personale, compreso il feedback sul loro lavoro, e una serie di informazioni e servizi ai pazienti e alle famiglie.

Può essere un reparto, una clinica, un dipartimento, un'équipe o qualsiasi piccola unità operativa che fornisce assistenza. È il luogo in cui si incontrano i pazienti, le famiglie e le équipe di assistenza. È anche il luogo in cui lavora la maggior parte del personale

---

[1] Desideriamo esprimere la nostra più profonda gratitudine al professor Brian James Quinn, il cui concetto innovativo di "Smallest Replicable Unit" ha rivoluzionato la nostra comprensione dei sistemi sanitari. La sua visione perspicace e la sua struttura completa ci hanno fornito un potente strumento per sezionare, analizzare e migliorare l'erogazione dell'assistenza sanitaria al livello più granulare, con un impatto duraturo sulla qualità delle cure che i pazienti ricevono a livello globale.

sanitario e dove, in ultima analisi, vengono spesi tutti i soldi dell'assistenza sanitaria.

Ciò che distingue l'approccio dei Microsistemi Clinici di Dartmouth è la sua attenzione alla fornitura di cure in prima linea, che coinvolge uno specifico gruppo interdipendente personale-paziente come unità centrale di valutazione e miglioramento delle prestazioni. Piuttosto che concentrarsi esclusivamente sugli individui o sull'organizzazione più ampia, questo approccio identifica il ruolo critico delle piccole unità funzionali di prima linea in cui interagiscono i pazienti e le équipe di assistenza, riconoscendo che è all'interno di queste unità che si svolge il vero lavoro dell'assistenza sanitaria. Per implementare e migliorare efficacemente i microsistemi clinici, Dartmouth enfatizza principi chiave come la comprensione delle prestazioni del sistema, lo sviluppo di processi capaci, la leadership e la fornitura delle informazioni giuste al momento giusto. Concentrandosi su questi principi all'interno del microsistema clinico, è possibile creare esperienze di cura di alta qualità, efficienti e soddisfacenti.

Ogni microsistema clinico ha una composizione unica, influenzata dalla combinazione di vari elementi come la popolazione di pazienti, il setting assistenziale, le risorse disponibili e le competenze dei membri del team. Nonostante questa variazione, gli studi hanno evidenziato alcuni fattori universali che contribuiscono in modo significativo al successo di qualsiasi microsistema clinico. Ecco alcuni di questi fattori in dettaglio:

- Leadership: Una leadership efficace è fondamentale per guidare il microsistema clinico verso gli obiettivi definiti. I leader non devono solo essere competenti nei loro ruoli clinici, ma devono anche mostrare qualità quali empatia, resilienza, capacità di prendere decisioni e di ispirare e motivare i membri del team. Devono essere esperti nella gestione del cambiamento e abili nel promuovere una cultura del miglioramento continuo.

- Interdipendenza: I microsistemi clinici prosperano grazie alla sinergia tra i suoi membri. È auspicabile un alto grado di interdipendenza, in cui ogni membro comprende il proprio ruolo, apprezza i ruoli degli altri e lavora in modo cooperativo per fornire un'assistenza centrata sul paziente. Questa interdipendenza può migliorare la comunicazione, ridurre gli errori e migliorare la soddisfazione del paziente.

- Scopi e obiettivi chiari: Ogni microsistema clinico ha bisogno di scopi e obiettivi ben articolati che si allineino con gli obiettivi del sistema sanitario più ampio. Questi obiettivi possono comprendere i risultati dei pazienti, la sicurezza, il miglioramento della qualità e l'efficacia dei costi. Avere obiettivi chiari fornisce una direzione e serve come punto di riferimento per misurare i progressi del microsistema.

- Istruzione e formazione: L'istruzione e la formazione continua sono fondamentali per mantenere ed elevare il livello di assistenza fornito. Questi programmi aiutano i membri dell'équipe a tenersi aggiornati sulle migliori pratiche attuali, ad adattarsi a nuove tecnologie e metodi e a sviluppare le competenze necessarie per un miglioramento continuo.

- Uso efficace dei dati: Un microsistema clinico di successo si basa sui dati per informare le proprie pratiche. Ciò comporta la raccolta, l'analisi e l'utilizzo dei dati per la misurazione delle prestazioni, l'identificazione delle tendenze, la risoluzione dei problemi e il processo decisionale. Inoltre, la trasparenza dei dati può consentire a tutti i membri di contribuire alle iniziative di miglioramento della qualità.

- Centralità del paziente: Lo scopo principale di qualsiasi microsistema clinico è fornire un'assistenza che soddisfi le esigenze e le preferenze dei pazienti. Questo obiettivo può essere raggiunto incorporando il feedback del paziente nei processi di miglioramento della qualità, garantendo una comunicazione efficace ed empatica e compiendo sforzi concertati per migliorare l'esperienza del paziente.

- Capacità di innovazione: La disponibilità all'innovazione è fondamentale affinché i microsistemi clinici si evolvano con il mutare del panorama sanitario. Ciò potrebbe comportare l'adozione di nuove tecnologie, la riprogettazione dei processi o nuovi approcci alla cura del paziente. Incoraggiare la creatività può portare a soluzioni migliori e mantenere il microsistema dinamico e adattabile.

- Mentalità di miglioramento della qualità: I microsistemi clinici ad alte prestazioni adottano una cultura del miglioramento continuo. Puntano all'eccellenza rivedendo e perfezionando regolarmente i processi, incoraggiando il feedback, imparando dagli errori e celebrando i successi.

- Concentrarsi sui risultati di salute: In definitiva, la misura del successo di un microsistema clinico risiede nel suo impatto sui risultati di salute dei pazienti. Ciò comporta il monitoraggio delle metriche di esito rilevanti, l'impegno a ridurre al minimo gli eventi avversi e l'erogazione costante di cure basate sull'evidenza.

I microsistemi clinici svolgono un ruolo fondamentale nell'erogazione dell'assistenza sanitaria, incidendo direttamente sulla qualità, sulla sicurezza e sui risultati complessivi dell'assistenza sanitaria. Essi costituiscono gli elementi di base di sistemi sanitari più ampi e le loro prestazioni collettive influenzano in modo significativo l'efficacia del sistema complessivo.

Di seguito, esaminiamo brevemente l'importanza e il ruolo multiforme dei microsistemi clinici nell'assistenza sanitaria.

1. Punto di erogazione delle cure: I microsistemi clinici sono la prima linea dell'assistenza sanitaria e forniscono cure dirette ai pazienti. Rappresentano l'interfaccia tra i pazienti e il sistema sanitario. L'interazione e il trattamento che i pazienti ricevono a questo livello influenzano profondamente i loro risultati di salute e l'esperienza di cura complessiva.

2. Qualità e sicurezza dell'assistenza: concentrandosi sul miglioramento a livello di microsistema, le organizzazioni sanitarie possono avere un impatto diretto sulla qualità e sulla sicurezza dell'assistenza ai pazienti. Microsistemi efficienti e performanti possono ridurre gli errori medici, minimizzare la variabilità delle cure e favorire un approccio assistenziale incentrato sul paziente.

3. Collaborazione interdisciplinare: I microsistemi clinici riuniscono diversi professionisti del settore sanitario: medici, infermieri, farmacisti, terapisti e altri ancora. Questo favorisce la collaborazione e la comunicazione interdisciplinare, fondamentale per una cura completa e olistica del paziente.

4. Innovazione e adattabilità: I microsistemi sono spesso più agili e adattabili dei sistemi più grandi. Possono implementare e testare più rapidamente idee innovative, nuove tecnologie e modelli di assistenza, il che li rende fondamentali per l'evoluzione e il miglioramento continui dell'assistenza sanitaria.

5. Istruzione e formazione: I microsistemi fungono da ambienti di apprendimento essenziali per gli operatori sanitari. Offrono esperienze di apprendimento in tempo reale e situazionali, nonché l'opportunità di sviluppare il lavoro di squadra, la leadership e le capacità di miglioramento della qualità.

6. Gestione delle risorse: I microsistemi clinici efficaci possono contribuire a una migliore gestione delle risorse, ottimizzando i flussi di lavoro, riducendo gli sprechi e aumentando la

produttività. Questo può portare a risparmi sui costi e a una maggiore efficienza.

7. Soddisfazione del paziente: Un microsistema clinico ben funzionante può migliorare significativamente l'esperienza del paziente. Una comunicazione efficace, un'assistenza coordinata e un approccio incentrato sul paziente possono portare a livelli di soddisfazione più elevati, incoraggiando l'adesione ai piani di trattamento e alle cure di follow-up.

8. Miglioramento guidato dai dati: I microsistemi generano dati ricchi e dettagliati sul loro funzionamento e sui risultati dei pazienti. Se utilizzati in modo efficace, questi dati possono favorire il miglioramento delle prestazioni, informare il processo decisionale e guidare lo sviluppo delle politiche.

Riconoscere l'importanza dei microsistemi clinici e il loro ruolo nell'assistenza sanitaria è alla base dei più ampi sforzi per migliorare la qualità, la sicurezza e il valore dell'assistenza sanitaria. Concentrandosi su queste unità fondamentali, i sistemi sanitari possono facilitare miglioramenti mirati ed efficaci che risuonano a livello di sistema più ampio. Nei prossimi capitoli esploreremo le strategie per sfruttare il potenziale dei microsistemi clinici e superare le sfide comuni nella loro implementazione e miglioramento.

Nei microsistemi clinici, la leadership svolge un ruolo fondamentale, proprio come in qualsiasi organizzazione. Coloro che assumono il ruolo di leader guidano il microsistema verso i suoi obiettivi e aiutano a superare la moltitudine di sfide che possono presentarsi lungo il percorso. I leader di un microsistema clinico hanno la responsabilità di definire la visione e la direzione per i loro team. Allineano attentamente gli obiettivi del microsistema con quelli più ampi dell'organizzazione sanitaria di cui fanno parte. Questi leader sono fondamentali per la pianificazione strategica e il processo decisionale, agendo di fatto come bussola per il viaggio del microsistema.

Uno dei compiti più importanti per i leader dei microsistemi clinici è promuovere una cultura dell'eccellenza. Ciò significa promuovere un ambiente di apprendimento e miglioramento continuo, incoraggiare i membri del team a mettere in discussione le pratiche esistenti e favorire lo spirito di innovazione. I leader devono anche creare uno spazio sicuro in cui gli errori non siano visti come fallimenti, ma come opportunità di apprendimento. L'efficacia delle prestazioni del team di un microsistema clinico è strettamente legata alla qualità della sua leadership. I leader aiutano a definire i ruoli, a delegare i compiti e a garantire che ogni membro del team comprenda le proprie responsabilità individuali. Promuovendo un senso di unità e di condivisione degli obiettivi, i leader possono aiutare il microsistema a funzionare come un'unità coesa e collaborativa.

La qualità e la sicurezza sono fondamentali nell'assistenza sanitaria e i leader dei microsistemi clinici sono l'avanguardia di questi standard. Sono responsabili dello sviluppo, dell'implementazione e del monitoraggio delle misure di garanzia della qualità e sono promotori di iniziative volte a ridurre al minimo gli errori e a massimizzare la sicurezza dei pazienti. Nel panorama in continua evoluzione dell'assistenza sanitaria, la gestione efficace del cambiamento è una competenza chiave della leadership. I leader guidano i loro team attraverso i cambiamenti dei processi, l'introduzione di nuove tecnologie e le modifiche delle politiche sanitarie. Aiutano i membri del team a comprendere le ragioni alla base dei cambiamenti e forniscono supporto durante le transizioni.

La leadership comporta anche un ruolo di mentoring. I leader identificano i punti di forza e di debolezza dei membri del loro team e offrono una guida per aiutarli a crescere professionalmente. Facilitando le opportunità di apprendimento e di crescita, i leader possono migliorare le competenze complessive del microsistema. Nei momenti di crisi o di sfida, una leadership efficace è fondamentale. I leader forniscono indicazioni, gestiscono le risorse e assicurano una comunicazione chiara. Hanno la capacità di mantenere il team concentrato e motivato, anche in situazioni di alta pressione. I leader spesso fungono da ponte tra il microsistema clinico e gli stakeholder esterni. Tra questi potrebbero esserci la direzione dell'organizzazione sanitaria in senso lato, altri microsistemi o i pazienti e le loro famiglie. Assicurano che la comunicazione sia chiara, efficace e tempestiva, migliorando il funzionamento complessivo del microsistema clinico. Essere leader di un microsistema clinico è un ruolo impegnativo, ma anche profondamente gratificante. Offre l'opportunità di avere un impatto profondo sull'assistenza ai pazienti.

Negli ultimi anni si sta affermando un modello di leadership più collaborativo e condiviso, noto come *leadership diadica coprodotta*[2] . A differenza dei tradizionali modelli di leadership gerarchica, la leadership diadica enfatizza l'impegno reciproco e la cooperazione, riconoscendo che una leadership efficace può e deve provenire da più di una fonte. In sostanza, la leadership diadica coprodotta si riferisce a un processo condiviso e interattivo in cui sia i leader sia i seguaci co-creano e ricambiano la leadership. È un approccio che riconosce il valore del processo decisionale collaborativo e della responsabilità condivisa.

Nel contesto dei microsistemi clinici, la leadership diadica potrebbe coinvolgere due o più individui che condividono le responsabilità di leadership. Si potrebbe trattare di un medico e di un infermiere, di un manager sanitario e di un operatore di prima

---

[2] Si veda Huber, Thomas. *Leadership diadica co-prodotta a livello di team*. Lugano: Elevation Book Publishers. 2023 Disponibile su Apple Books e Amazon Kindle.

linea, o anche di un paziente e di un operatore sanitario. Ogni membro di questa diade di leadership contribuisce con competenze, prospettive e conoscenze uniche al processo di leadership.

I vantaggi della leadership coprodotta sono molteplici:

Promozione della collaborazione e del lavoro di squadra: Per sua natura, la leadership coprodotta richiede una collaborazione attiva e un lavoro di squadra. Aiuta ad abbattere le barriere gerarchiche e favorisce un ambiente in cui il contributo di ciascun membro del team viene valorizzato.

Ottimizzazione del processo decisionale: il coinvolgimento di più leader nel processo decisionale può portare a decisioni più equilibrate e complete. Ogni leader apporta il proprio punto di vista e la propria esperienza, garantendo una comprensione più completa della situazione.

Maggiore impegno e soddisfazione: In un modello di leadership coprodotta, i membri del team riferiscono spesso livelli più elevati di impegno e soddisfazione. Questo perché hanno un ruolo più attivo nella leadership e nel processo decisionale, il che può aumentare il loro senso di appartenenza e responsabilità.

Resilienza e adattabilità: La leadership diadica può migliorare la resilienza e l'adattabilità di un microsistema clinico. Con una leadership condivisa, il microsistema è meno dipendente da un singolo leader, riducendo la vulnerabilità ai cambiamenti di leadership o agli eventi imprevisti.

Assistenza centrata sul paziente: nelle diadi che coinvolgono i pazienti, la leadership coprodotta può migliorare significativamente l'assistenza centrata sul paziente. Coinvolgendo i pazienti nella leadership e nel processo decisionale, gli operatori sanitari possono comprendere e rispondere meglio alle loro esigenze e preferenze.

Sebbene l'adozione della leadership coprodotta richieda uno spostamento dai modelli gerarchici tradizionali, i benefici che può apportare a un microsistema clinico la rendono degna di considerazione. Questo approccio incoraggia una cultura della responsabilità condivisa e del processo decisionale collaborativo, che può migliorare significativamente il funzionamento e l'efficacia dei microsistemi clinici.

Esercizio: Definire il proprio microsistema clinico[3]

Questo esercizio ha lo scopo di aiutare il team a definire e comprendere chiaramente il proprio microsistema clinico. Comporta una profonda riflessione e discussione sulla struttura, la funzione e i processi del vostro microsistema. Può essere svolto come un workshop o una serie di incontri.

1. Mappatura del microsistema clinico:

Iniziate con un esercizio di mappatura. Fornite un foglio di carta grande e dei pennarelli e chiedete ai membri del team di disegnare una mappa del microsistema. Questa dovrebbe includere non solo gli elementi fisici, come le stanze e le attrezzature, ma anche i processi e le persone.

Includere:

- Il viaggio del paziente dall'arrivo alla partenza.
- I diversi ruoli e le loro interconnessioni.
- Gli strumenti e le tecnologie utilizzate.

---

[3] Per un approfondimento si veda https://clinicalmicrosystem.org

- Le interazioni con altri microsistemi e con l'organizzazione più ampia.

Discutete la mappa in gruppo. Che cosa rivela del vostro microsistema? Ci sono sorprese o intuizioni?

2. Analisi SWOT:

Successivamente, facilitate un'analisi SWOT (Strengths, Weaknesses, Opportunities, Threats) del vostro microsistema clinico. Ogni membro del team deve contribuire con la propria prospettiva su quelli che ritiene essere i punti di forza e di debolezza interni del microsistema, nonché le opportunità e le minacce esterne.

Discutete i risultati in gruppo. Come potete sfruttare i vostri punti di forza, affrontare i punti deboli, capitalizzare le opportunità e mitigare le minacce?

3. Definizione dei processi fondamentali:

Identificate i processi fondamentali del vostro microsistema, ossia quei compiti essenziali che influiscono direttamente sulla cura del paziente. Per ognuno di essi, discutete:

- Chi è coinvolto nel processo?
- Quali sono le fasi del processo?
- Come si svolge attualmente il processo?
- Come si potrebbe migliorare il processo?

Assicuratevi che le voci di tutti siano ascoltate e che le dichiarazioni finali riflettano l'aspirazione e l'impegno collettivo del team. Questo servirà da bussola per il vostro microsistema.

Capitolo 1: Il panorama dei microsistemi clinici

I microsistemi clinici costituiscono gli elementi costitutivi dell'erogazione dell'assistenza sanitaria e la loro comprensione è fondamentale per chiunque voglia esplorare o migliorare il loro funzionamento e la loro leadership. È all'interno di queste piccole unità funzionali che i pazienti e le équipe sanitarie interagiscono per fornire e ricevere assistenza. Un microsistema clinico non è definito solo dalle sue componenti fisiche, come le strutture e le attrezzature che possiede o i servizi che offre. Si tratta piuttosto di un sistema adattativo complesso, plasmato dalle interazioni tra persone, processi e ambiente. Pertanto, anche all'interno della stessa organizzazione sanitaria, i diversi microsistemi clinici possono funzionare in modo diverso, ciascuno con una miscela unica di risorse, persone e processi.

Per illustrare ulteriormente la diversità dei microsistemi clinici, esploriamo i vari tipi esistenti nel panorama sanitario:

1. Microsistemi di cure primarie: Sono spesso il primo punto di contatto per i pazienti all'interno del sistema sanitario. Comprendono studi di famiglia, cliniche di comunità e cliniche di medicina interna. Qui gli operatori sanitari forniscono spesso cure preventive, gestiscono le condizioni croniche e trattano malattie e lesioni minori.

2. Microsistemi di assistenza specialistica: Questi microsistemi forniscono cure specialistiche che i microsistemi di assistenza primaria non sono in grado di offrire. Possono concentrarsi su popolazioni specifiche di pazienti (come le cliniche geriatriche o pediatriche) o fornire assistenza per condizioni mediche specifiche (come i centri di trattamento del cancro o le cliniche cardiache).

3. Microsistemi per cure acute: Situati all'interno degli ospedali, questi microsistemi si rivolgono a pazienti che necessitano di cure immediate e spesso intensive. Ne sono un esempio i dipartimenti

di emergenza, le unità di terapia intensiva (ICU) e le unità chirurgiche.

4. Microsistemi di assistenza a lungo termine: Questi microsistemi forniscono assistenza prolungata ai pazienti che hanno bisogno di aiuto nelle attività quotidiane a causa di malattie croniche, lesioni o disabilità. Ne sono un esempio le strutture infermieristiche specializzate, i centri di riabilitazione e i centri di assistenza per i malati.

5. Microsistemi di assistenza di supporto: Questi microsistemi forniscono servizi ausiliari a supporto dell'erogazione delle cure primarie. Ne sono un esempio i reparti di radiologia, patologia e farmacia.

6. Microsistemi di cura virtuali: Con il progresso della tecnologia, stiamo assistendo all'ascesa di microsistemi di assistenza virtuale. Questi possono includere servizi di teleassistenza o programmi di gestione della malattia online, che forniscono assistenza ai pazienti da remoto.

Ciascuno di questi microsistemi presenta caratteristiche, sfide e punti di forza unici. Tuttavia, ciò che li accomuna tutti è l'obiettivo finale: fornire un'assistenza di alta qualità e centrata sul paziente.

I microsistemi in ambito sanitario sono unità fondamentali e funzionali in cui i pazienti e le famiglie incontrano le équipe di cura. Rappresentano i luoghi in cui avvengono la diagnosi, il trattamento e la guarigione. Esempi di microsistemi possono essere un'unità di terapia intensiva neonatale, una clinica rurale o persino un team di assistenza domiciliare. Tuttavia, questi microsistemi non esistono nel vuoto. Fanno parte di una struttura gerarchica molto più ampia che forma il complesso paesaggio dell'assistenza sanitaria. Per comprendere e migliorare veramente l'assistenza sanitaria, dobbiamo addentrarci nella gerarchia dei microsistemi e comprenderne le interconnessioni e le interdipendenze.

Al livello base della gerarchia si trovano i microsistemi clinici. Si tratta delle unità più piccole, in prima linea, che forniscono assistenza direttamente ai pazienti. Ogni microsistema è unico, con una particolare popolazione di pazienti, membri del personale, processi e modelli di cura. Tuttavia, nonostante le differenze, tutti i microsistemi clinici condividono uno scopo comune: fornire un'assistenza sicura, efficace e incentrata sul paziente.

Al di sopra dei microsistemi clinici si trovano i mesosistemi, ovvero il livello organizzativo. I mesosistemi comprendono dipartimenti, servizi o divisioni all'interno di un'organizzazione sanitaria più ampia. Essi supportano e gestiscono più microsistemi, fornendo risorse, facilitando la comunicazione e garantendo l'allineamento con gli obiettivi e le strategie organizzative più ampie.

In cima alla gerarchia ci sono i macrosistemi. Questo livello comprende il sistema sanitario in generale, incluse le politiche generali, gli enti normativi, le fonti di finanziamento e i fattori sociali che influenzano l'erogazione dell'assistenza sanitaria.

È fondamentale notare che ogni livello di questa gerarchia è interconnesso. I microsistemi influenzano e sono influenzati dai mesosistemi e dai macrosistemi. I cambiamenti o i miglioramenti a un livello possono avere un impatto significativo sugli altri livelli. Per esempio, un cambiamento di politica a livello di macrosistema può influenzare le risorse disponibili a livello di mesosistema, incidendo in ultima analisi sull'assistenza fornita a livello di microsistema. La gerarchia dei microsistemi offre una lente attraverso la quale possiamo vedere e comprendere la natura dinamica e sfaccettata dell'assistenza sanitaria. Comprendendo questa struttura gerarchica, i leader del settore sanitario possono identificare le opportunità di miglioramento, formulare strategie che risuonino a tutti i livelli e, infine, promuovere un'assistenza di alta qualità incentrata sul paziente.

La coproduzione nei microsistemi

La coproduzione in ambito sanitario è un approccio trasformativo che coinvolge attivamente i pazienti e le loro famiglie nell'erogazione e nel miglioramento delle cure. Va oltre la cura centrata sul paziente, ponendo i pazienti come partner accanto agli operatori sanitari. I microsistemi clinici, essendo le unità di prima linea dell'erogazione dell'assistenza sanitaria, svolgono un ruolo cruciale nel promuovere la co-produzione e nel facilitare il miglioramento continuo.

Collaborare con i pazienti

I microsistemi, in virtù del loro stretto contatto con i pazienti, forniscono l'ambiente ideale per la co-produzione. Qui, pazienti e operatori sanitari possono interagire e collaborare strettamente. I pazienti non sono più semplici destinatari delle cure, ma partner attivi nel loro percorso di salute. Contribuiscono con la loro conoscenza unica del proprio corpo, delle esperienze, dei valori e delle preferenze, integrando le competenze cliniche degli operatori sanitari. Questi piccoli sistemi possono sfruttare diverse strategie per promuovere la co-produzione. Queste possono includere il processo decisionale condiviso, in cui pazienti e fornitori decidono insieme il miglior percorso di cura, o il supporto all'autogestione, in cui i pazienti vengono dotati di competenze per gestire le loro condizioni di salute.

Miglioramento continuo

Questi piccoli sistemi complessi sono anche fondamentali per promuovere il miglioramento. Grazie alla loro vicinanza ai pazienti, i microsistemi possono identificare e rispondere rapidamente ai problemi di erogazione delle cure. Possono raccogliere feedback in tempo reale dai pazienti, imparare dalle loro esperienze e implementare rapidamente i cambiamenti. Le dimensioni ridotte consentono un grado di flessibilità e adattabilità che potrebbe essere difficile da raggiungere su scala più ampia. I cambiamenti possono essere testati e perfezionati in un ambiente controllato prima di passare al livello di mesosistema o macrosistema. Tuttavia, per sfruttare appieno questo potenziale, i microsistemi devono promuovere una cultura dell'apprendimento e del miglioramento. Devono incoraggiare una comunicazione aperta, tollerare gli errori come opportunità di apprendimento e cercare continuamente modi migliori di fornire le cure.

Impatto sui risultati dell'assistenza

La coproduzione dell'assistenza al paziente e il miglioramento continuo a livello di microsistema possono portare a benefici significativi. Alcuni studi hanno dimostrato che la coproduzione può migliorare la soddisfazione del paziente, i risultati sanitari e persino l'efficienza dell'assistenza sanitaria. Allo stesso modo, i miglioramenti guidati dal microsistema possono migliorare la qualità dell'assistenza, la sicurezza e il morale del personale. Questi piccoli team di prima linea svolgono un ruolo centrale nell'assistenza co-prodotta ai pazienti e nel miglioramento continuo. Sono il luogo in cui i pazienti incontrano i fornitori, dove avviene la co-produzione e dove iniziano i miglioramenti. Sfruttando il potere dei microsistemi, possiamo rendere l'assistenza sanitaria più reattiva, efficace e realmente incentrata sul paziente.

Esercizio: Conoscere il contesto: Comprendere la propria posizione nell'ecosistema sanitario

Questo esercizio è stato ideato per aiutare il vostro team a comprendere meglio il contesto in cui opera il vostro microsistema clinico. Esplorerete le vostre relazioni con gli altri microsistemi, il vostro mesosistema e il macrosistema a cui appartenete. L'obiettivo è quello di creare una comprensione più ampia di come il vostro microsistema si inserisce e interagisce con il sistema sanitario più ampio.

1. Identificazione dei microsistemi circostanti:

Iniziate elencando gli altri microsistemi clinici che interagiscono con il vostro. Tra questi potrebbero esserci altre unità della vostra struttura, fornitori esterni e altre entità che vi indirizzano i pazienti o che li ricevono da voi. Per ciascuno di essi, discutete:

- Qual è la natura della relazione?
- In che modo queste interazioni influenzano i vostri pazienti e il vostro lavoro?

2. Mappare il mesosistema:

Quindi, identificate il vostro mesosistema, ossia il sistema di microsistemi a cui appartenete. Potrebbe essere la vostra struttura sanitaria, una rete più ampia di cliniche o un'altra struttura organizzativa. Su un foglio di carta grande, disegnate un diagramma che collochi il vostro microsistema all'interno di questo mesosistema, includendo altri microsistemi correlati. Discutere:

- Che ruolo ha il vostro microsistema nel mesosistema?
- Come il mesosistema supporta il vostro lavoro e dove ci sono opportunità di miglioramento?

3. Collocarsi nel macrosistema:

Infine, considerate il macrosistema, ossia il sistema sanitario complessivo di cui fa parte il vostro microsistema. Potrebbe trattarsi di un sistema sanitario regionale, nazionale o addirittura globale. Discutere:

- In che modo il vostro lavoro si allinea con gli obiettivi e le priorità del macrosistema?
- Quali sono le implicazioni delle politiche, dei finanziamenti e di altri fattori del macrosistema sul vostro microsistema?

4. Riflettere e pianificare:

Dopo aver mappato il contesto del vostro microsistema, prendetevi un po' di tempo per riflettere.

- Quali nuove conoscenze avete acquisito?
- Come si possono sfruttare queste relazioni per migliorare le cure e i risultati dei pazienti?

Identificate le azioni specifiche che potete intraprendere per integrarvi meglio con i microsistemi circostanti, ottimizzare il vostro ruolo all'interno del mesosistema e allinearvi con il macrosistema. Rivedete questo esercizio periodicamente, poiché il vostro contesto e le vostre relazioni possono cambiare nel tempo, e utilizzate le intuizioni acquisite per migliorare e adattarvi continuamente al panorama dinamico dell'assistenza sanitaria.

Capitolo 2: Teorie della leadership applicate ai microsistemi clinici

La leadership dei team e delle unità sanitarie è un fattore critico che influenza le prestazioni e i risultati delle organizzazioni sanitarie. Nel corso degli anni sono state proposte numerose teorie sulla leadership, ognuna delle quali offre una visione unica dei meccanismi e degli effetti della leadership, in particolare a livello di unità o di team in ambito sanitario. Ecco alcune teorie chiave:

1. Teoria della leadership trasformazionale

Questa teoria enfatizza il ruolo dei leader nell'ispirare il proprio team a trascendere i propri interessi personali per il bene superiore del team e dell'organizzazione. I leader trasformazionali motivano i membri del loro team creando una visione, infondendo orgoglio, offrendo rispetto e costruendo fiducia. Nel settore sanitario, i leader trasformazionali possono ispirare i loro team a fornire un'assistenza di qualità superiore ai pazienti e a impegnarsi continuamente per migliorare. In un microsistema clinico, i leader trasformazionali possono essere preziosi per promuovere una visione condivisa e inculcare una cultura del miglioramento continuo. Possono ispirare i membri del team a cercare l'eccellenza nell'assistenza ai pazienti e a migliorare costantemente le loro pratiche. Questo stile di leadership è particolarmente utile durante i cambiamenti organizzativi o le iniziative in cui i team devono essere ispirati a lavorare verso una nuova visione.

2. Teoria della leadership transazionale

I leader transazionali operano secondo il principio del premio e della punizione. Chiariscono ruoli e responsabilità e stabiliscono obiettivi di rendimento chiari. I membri del team vengono premiati se raggiungono o superano questi obiettivi e sono ritenuti responsabili in caso contrario. Nel settore sanitario, la leadership transazionale può favorire l'efficienza e il rispetto delle procedure e degli standard. La leadership transazionale può essere utile per mantenere l'efficienza e garantire l'aderenza agli standard clinici e alle linee guida in un microsistema. I leader possono usare premi o feedback correttivi per promuovere le prestazioni. Tuttavia, questo stile deve essere bilanciato con altri approcci di leadership per evitare che l'eccessiva enfasi sui compiti vada a scapito delle relazioni interpersonali o dell'innovazione.

3. Teoria della leadership situazionale

La teoria della leadership situazionale sostiene che non esiste un unico stile di leadership adatto a tutte le situazioni. Al contrario, i leader dovrebbero adattare il loro stile di leadership in base alla disponibilità e alla competenza dei membri del team e alle circostanze specifiche. In un ambiente in rapida evoluzione come quello sanitario, i leader situazionali potrebbero essere abili nell'affrontare le sfide e nel rispondere efficacemente alle varie situazioni. L'approccio alla leadership situazionale può essere molto utile in un ambiente sanitario dinamico, in cui le esigenze dei pazienti, la competenza del personale e altre condizioni possono cambiare rapidamente. I leader in grado di adattare il proprio stile in base alla situazione possono guidare il proprio team in modo più efficace attraverso le sfide che si presentano nelle operazioni quotidiane o durante le situazioni di crisi.

4. Teoria della leadership servile

I leader servitori danno la priorità alle esigenze dei membri del loro team e li aiutano a svilupparsi e a ottenere prestazioni ottimali. Promuovono una cultura di fiducia, empatia e collaborazione. Nel settore sanitario, la leadership dei servitori può portare a un personale altamente impegnato e soddisfatto, che può migliorare l'assistenza ai pazienti. L'approccio della leadership dei servitori si allinea bene con l'etica assistenziale dell'assistenza sanitaria. I servant leader danno la priorità alle esigenze dei membri del loro team, promuovendo un ambiente di lavoro positivo e sostenendo i membri del team nel loro sviluppo professionale. Questo approccio può portare a livelli più elevati di soddisfazione del personale e a tassi più bassi di burnout, entrambi fondamentali in un ambiente sanitario ad alto stress.

5. Teoria della leadership condivisa (o distribuita)

Questa teoria si allontana dal tradizionale approccio di leadership dall'alto verso il basso. Nella leadership condivisa, i ruoli e le responsabilità di leadership sono distribuiti tra i membri del team. Questo approccio incoraggia la collaborazione, il processo decisionale collettivo e la responsabilità condivisa. In ambito sanitario, la leadership condivisa può favorire la coesione del team, l'apprendimento condiviso e la risoluzione di problemi innovativi. La leadership condivisa può essere particolarmente efficace nei microsistemi clinici, dove la collaborazione interprofessionale è fondamentale. Distribuendo i ruoli e le responsabilità di leadership, un approccio di leadership condivisa può sfruttare le diverse competenze e conoscenze all'interno del team. Questo approccio può favorire un processo decisionale collettivo, una responsabilità condivisa e un senso di appartenenza tra i membri del team, con conseguente miglioramento delle prestazioni del team e dell'assistenza ai pazienti.

È essenziale ricordare che queste teorie di leadership non si escludono a vicenda, ma possono essere complementari. I leader sanitari efficaci spesso attingono a diverse teorie, mescolando elementi di vari stili di leadership in base alle esigenze del loro team, al contesto organizzativo e alla loro filosofia di leadership personale. Queste teorie fungono da guida e forniscono indicazioni preziose per una leadership efficace nel mondo dinamico e complesso dell'assistenza sanitaria.

La leadership diadica co-prodotta, menzionata in precedenza, è un approccio innovativo alla leadership che si adatta particolarmente bene al contesto dei microsistemi clinici. Questo modello di leadership incorpora i principi della co-produzione e della leadership diadica per promuovere un approccio collaborativo e di squadra alla leadership sanitaria.

Leadership coprodotta

La coproduzione, nel contesto della leadership, è il coinvolgimento attivo di tutti i membri del team, compresi i pazienti e le loro famiglie, nei processi di leadership. Invece di essere un processo dall'alto verso il basso guidato esclusivamente da leader designati, la leadership co-prodotta riconosce e sfrutta i contributi unici che ogni membro del team può apportare. Nel contesto dei microsistemi, la leadership coprodotta si allinea all'enfasi posta sull'assistenza centrata sul paziente e sulla natura collaborativa dei team sanitari. Riconosce le diverse competenze, conoscenze ed esperienze all'interno del microsistema e le sfrutta per la leadership. Inoltre, incoraggia il coinvolgimento dei pazienti e delle famiglie nei processi di leadership, riconoscendo il valore delle loro intuizioni e prospettive uniche.

Leadership diadica

La leadership diadica, invece, si riferisce a un modello di leadership in cui due leader condividono il ruolo di guida. Ciascun leader contribuisce con le proprie competenze, conoscenze e prospettive, dando vita a un approccio più equilibrato e completo alla leadership. Nel contesto dei microsistemi, la leadership diadica può essere particolarmente efficace. I microsistemi spesso coinvolgono team interdisciplinari, in cui professionisti diversi apportano competenze e prospettive diverse. Avendo due leader con background professionali diversi, un modello di leadership diadica può colmare queste diverse prospettive e favorire la collaborazione interdisciplinare.

Leadership diadica co-prodotta

Se combinati, i principi della leadership co-prodotta e diadica danno origine a un potente modello di leadership, molto adatto alla complessità e al dinamismo dei microsistemi. La leadership diadica coprodotta prevede che due leader, ciascuno dei quali apporta le proprie competenze e prospettive, guidino in modo collaborativo il proprio team. In questo modello, la leadership diventa un processo condiviso a cui contribuiscono tutti i membri del team, compresi i pazienti e le famiglie. Le decisioni vengono prese collettivamente, con i due leader che facilitano il processo e assicurano che tutte le voci siano ascoltate. La leadership diadica co-prodotta può favorire un approccio alla leadership più democratico, inclusivo ed efficace. Può migliorare il processo decisionale, promuovere l'innovazione, favorire la coesione del team e, in ultima analisi, migliorare la qualità dell'assistenza ai pazienti. Rappresenta un approccio promettente alla leadership nei microsistemi e, più in generale, nell'assistenza sanitaria.[4]

Esercizio: Leadership diadica co-prodotta in microsistemi clinici

L'obiettivo di questo esercizio è favorire lo sviluppo di una leadership diadica co-prodotta all'interno del vostro microsistema clinico. È stato progettato per essere condotto in una riunione d'équipe o in un workshop e si concentra sul miglioramento della collaborazione, del processo decisionale condiviso e della comprensione reciproca tra i leader diadici.

---

[4] Per un eccellente articolo sulla leadership dei microsistemi clinici si legga Batalden, P. B., Nelson, E. C., Mohr, J. J., Godfrey, M. M., Huber, T. P., Kosnik, L., & Ashling, K. (2003). I microsistemi nell'assistenza sanitaria: Parte 5. Come i leader guidano. *The Joint Commission Journal on Quality and Safety*, *29*(6), 297-308.

1. Accoppiamento dei leader:

Iniziate a identificare le potenziali coppie di leadership diadica all'interno del vostro microsistema. Queste coppie dovrebbero essere composte da individui che ricoprono ruoli di leadership o che hanno il potenziale per diventarlo.

2. Definizione e chiarimento dei ruoli:

Chiedete a ciascuna coppia di leader di discutere e definire i propri ruoli all'interno della struttura di leadership diadica. Dovrebbero discutere i rispettivi punti di forza, le debolezze e le aree di competenza. Comprendendo il proprio ruolo e quello del partner, i leader possono iniziare ad apprezzare i vantaggi della leadership condivisa e possono lavorare per completarsi e sostenersi a vicenda in modo efficace.

3. Scenari e giochi di ruolo:

Preparate un elenco di scenari che rappresentino sfide o situazioni tipiche che si verificano nel vostro microsistema clinico. Chiedete a ogni coppia diadica di interpretare le proprie risposte a questi scenari. In questo modo potranno esercitarsi a prendere decisioni condivise, a far leva sulle loro competenze e conoscenze combinate e a sostenersi a vicenda nei loro ruoli di leadership.

4. Feedback e riflessione:

Dopo ogni scenario di gioco di ruolo, date uno spazio al resto del team per dare un feedback. I leader dovrebbero anche riflettere sulle proprie prestazioni e considerare le aree di miglioramento. Ciò promuove un ambiente aperto e collaborativo e favorisce l'apprendimento continuo.

5. Piano di leadership co-prodotto:

Infine, chiedete a ciascuna coppia diadica di creare un piano di leadership co-prodotto. Questo dovrebbe includere strategie per la comunicazione, il processo decisionale, la risoluzione dei conflitti e il modo in cui si sosterranno l'un l'altro e il loro team.

6. Revisione e revisione:

Dopo un determinato periodo (ad esempio, tre mesi), riunire nuovamente le coppie diadiche per rivedere i piani di leadership co-prodotti. Questo aiuta a garantire che l'approccio continui a soddisfare le esigenze in evoluzione del microsistema e consente di incorporare le lezioni apprese.

Capitolo 3: Competenze fondamentali per la leadership nei microsistemi clinici

Il successo di un microsistema clinico dipende in larga misura da una leadership efficace. I leader di questi microsistemi hanno bisogno di un insieme unico di abilità e competenze per navigare efficacemente nella natura complessa e dinamica dell'assistenza sanitaria. La visione strategica implica la creazione di un'immagine convincente del futuro che guidi l'organizzazione verso gli obiettivi desiderati. Si tratta di immaginare uno stato futuro migliore e diverso da quello attuale. D'altra parte, la previsione comporta l'anticipazione di potenziali tendenze, sviluppi e sfide future che potrebbero avere un impatto sull'organizzazione. Insieme, queste due competenze consentono ai leader di guidare i loro microsistemi clinici verso risultati di successo in modo proattivo.

Nel contesto dei microsistemi clinici, la visione strategica e la previsione sono particolarmente cruciali a causa della rapida evoluzione del panorama sanitario. I leader devono non solo comprendere lo stato attuale del microsistema, ma anche immaginare dove dovrebbe essere in futuro. Questa visione funge da stella polare che allinea gli sforzi di tutti i membri del team e garantisce che i cambiamenti e i miglioramenti contribuiscano a raggiungere lo stato futuro desiderato. Allo stesso tempo, anticipando le tendenze e le sfide future, i leader possono preparare in modo proattivo i loro microsistemi, assicurando che siano resilienti e adattabili di fronte al cambiamento.

Lo sviluppo di competenze di visione e previsione richiede una comprensione approfondita del microsistema clinico e del contesto sanitario più ampio. I leader devono analizzare regolarmente l'ambiente interno ed esterno per identificare potenziali opportunità e minacce. Devono inoltre coinvolgere tutti i membri del team, compresi i pazienti e le loro famiglie, nel processo di visione, sfruttando le loro diverse prospettive e intuizioni. Per affinare la lungimiranza, i leader devono coltivare l'abitudine di pensare al futuro, considerare vari scenari futuri e pianificarli. Ciò può comportare l'aggiornamento sulle tendenze e le innovazioni in campo sanitario, la consultazione di esperti o l'utilizzo di strumenti e tecniche di previsione. La visione strategica e la previsione sono competenze di leadership fondamentali per i microsistemi clinici. Creando una visione convincente e preparandosi proattivamente per il futuro, i leader possono garantire che i loro microsistemi non siano solo reattivi, ma stiano attivamente modellando il loro percorso verso l'eccellenza nella cura dei pazienti.

La visione strategica e la lungimiranza sono due competenze fondamentali della leadership, necessarie per gestire efficacemente i microsistemi clinici. In un panorama sanitario in continua evoluzione, la capacità di creare un'immagine convincente del futuro diventa una pietra miliare della leadership di successo. Ciò richiede ai leader di creare uno stato futuro non solo migliore, ma anche diverso da quello attuale. D'altra parte, la lungimiranza consiste nel prevedere le tendenze e gli sviluppi futuri che potrebbero avere un impatto sull'organizzazione. Insieme, queste due competenze possono guidare proattivamente i microsistemi clinici verso risultati di successo. I leader devono comprendere lo stato attuale dei loro microsistemi, creare una visione futura e allineare i loro team al raggiungimento di questa visione. Anticipando le tendenze e le sfide future, i leader possono garantire che i loro sistemi siano resilienti e adattabili.

Lo sviluppo di queste competenze implica la comprensione del microsistema clinico e del più ampio contesto sanitario. I leader dovrebbero monitorare regolarmente l'ambiente interno ed esterno per identificare potenziali opportunità e minacce. Coinvolgere tutti i membri del team nel processo di visioning può anche fornire una serie di prospettive e intuizioni. Allo stesso tempo, i leader devono coltivare la lungimiranza considerando regolarmente i potenziali scenari futuri e pianificandoli. Può essere utile tenersi aggiornati sulle tendenze e le innovazioni in campo sanitario, consultare esperti o utilizzare strumenti di previsione.

Un'altra serie di competenze fondamentali per la leadership nei microsistemi clinici è la comunicazione e la creazione di relazioni. Una comunicazione efficace è fondamentale per la collaborazione del team, l'interazione con i pazienti e la cooperazione intra-organizzativa. Assicura una chiara comprensione dei ruoli, delle responsabilità e dei piani di cura dei pazienti, gestisce i conflitti e promuove una cultura di squadra positiva. Poiché l'assistenza centrata sul paziente sta diventando la norma, i leader devono anche comunicare efficacemente con i pazienti e le loro famiglie. La costruzione di relazioni forti è complementare alla comunicazione nei microsistemi. Promuovendo un ambiente collaborativo e di supporto, i leader possono garantire una cooperazione continua all'interno dell'organizzazione. Inoltre, relazioni forti con i pazienti e le loro famiglie possono migliorare la soddisfazione dei pazienti e l'aderenza ai piani di cura.

Lo sviluppo di queste abilità richiede pratica e riflessione intenzionali. I leader possono migliorare le proprie capacità comunicative attraverso feedback, formazione e pratiche di mindfulness. La costruzione di relazioni, invece, richiede di mostrare empatia verso gli altri, apprezzando i loro contributi e sostenendoli nelle loro sfide. La costruzione della fiducia richiede tempo, ma è un investimento che vale la pena fare per la coesione del team e le prestazioni complessive.

Il team building e lo sviluppo dei talenti sono fondamentali per i leader dei microsistemi clinici. Nell'ambiente collaborativo e dinamico dell'assistenza sanitaria, la promozione di un team coeso e lo sviluppo delle competenze e del potenziale dei membri del team sono parte integrante del raggiungimento di prestazioni elevate e dell'erogazione di cure eccellenti ai pazienti. Il team building implica la creazione di un ambiente in cui individui diversi possano lavorare insieme in modo efficace verso obiettivi condivisi. Comprende la coltivazione di una cultura di squadra positiva, la promozione della collaborazione e del rispetto reciproco e la risoluzione dei conflitti in modo costruttivo. Non si tratta solo di mettere insieme un team, ma di garantire che il team lavori bene insieme.

D'altro canto, lo sviluppo dei talenti consiste nell'identificare, coltivare e sfruttare i talenti e le potenzialità uniche di ciascun membro del team. Si tratta di offrire opportunità di apprendimento e di crescita, di fornire feedback costruttivi e di creare un ambiente di supporto in cui i membri del team si sentano apprezzati e autorizzati a dare il meglio di sé. Nei microsistemi clinici, queste competenze assumono un significato ulteriore. Data la natura interprofessionale delle équipe sanitarie e l'elevata posta in gioco nella cura dei pazienti, un funzionamento efficace del team è fondamentale. Costruendo un team coeso, i leader possono migliorare la comunicazione, la collaborazione e il coordinamento dell'assistenza al paziente.

A causa dei rapidi progressi dell'assistenza sanitaria e della crescente complessità delle esigenze dei pazienti, lo sviluppo dei talenti è altrettanto importante. Sviluppando i talenti dei membri del team, i leader possono garantire che i loro microsistemi abbiano le competenze e le capacità necessarie per fornire cure di alta qualità. Inoltre, può favorire la soddisfazione sul lavoro e la fidelizzazione dei membri del team. Per sviluppare queste competenze, i leader devono adottare un approccio incentrato sulle persone. Per la costruzione del team, devono favorire una comunicazione aperta, promuovere attività di coesione del team e affrontare i conflitti in modo tempestivo e costruttivo. Per lo sviluppo dei talenti, devono comprendere i punti di forza e le aspirazioni uniche di ciascun membro del team, fornire mentorship e creare opportunità di apprendimento continuo. I leader che eccellono in queste competenze possono promuovere un team ad alte prestazioni che fornisce un'assistenza eccellente ai pazienti.

La gestione e la risoluzione dei conflitti è un'altra competenza cruciale della leadership nei microsistemi clinici. I conflitti, se non gestiti in modo efficace, possono ostacolare le prestazioni del team, abbassare il morale e avere un impatto negativo sull'assistenza ai pazienti. D'altro canto, se gestiti in modo costruttivo, i conflitti possono portare a una migliore comprensione, a una soluzione creativa dei problemi e a relazioni di squadra più forti. La gestione dei conflitti implica l'identificazione e la gestione dei disaccordi e delle controversie all'interno del team in modo tempestivo e costruttivo. Richiede capacità di negoziazione, diplomazia ed empatia e la capacità di bilanciare punti di vista e interessi diversi.
La risoluzione dei conflitti, una parte della gestione dei conflitti, consiste nel trovare una soluzione reciprocamente accettabile al conflitto. Può comportare la mediazione, le tecniche di risoluzione dei problemi e la promozione di una cultura del rispetto e della comprensione. Nell'ambiente complesso e ad alto rischio dei microsistemi clinici, i conflitti possono derivare da varie fonti, come incomprensioni, errori di comunicazione, opinioni professionali divergenti o limitazioni delle risorse.

Una gestione e una risoluzione efficaci dei conflitti possono evitare che questi degenerino in problemi gravi e garantire un ambiente di lavoro positivo e collaborativo. Per sviluppare queste competenze, i leader devono promuovere una cultura di squadra aperta e rispettosa, in cui le opinioni diverse siano valorizzate e i disaccordi siano visti come opportunità di apprendimento e miglioramento. Devono inoltre affinare le loro capacità di negoziazione e mediazione ed essere pronti a intervenire nei conflitti quando necessario. Inoltre, i leader possono prevenire in modo proattivo molti conflitti garantendo una comunicazione chiara, un processo decisionale equo e un feedback regolare del team. La gestione e la risoluzione efficace dei conflitti è una competenza di leadership essenziale per i microsistemi clinici. Gestendo e risolvendo i conflitti in modo costruttivo, i leader possono garantire un clima di squadra positivo e un'assistenza di alta qualità ai pazienti.

La gestione della competenza culturale e della diversità è una competenza di leadership sempre più critica nei microsistemi clinici, che riflette la natura diversificata delle moderne équipe sanitarie e delle popolazioni di pazienti. I leader culturalmente competenti sono sensibili alle differenze culturali, abbracciano la diversità e promuovono un ambiente inclusivo. La competenza culturale si riferisce alla capacità di interagire efficacemente con persone di culture diverse, comprendendo e rispettando le differenze culturali e adattando di conseguenza i propri comportamenti e atteggiamenti. In un microsistema clinico, questa competenza è fondamentale per fornire un'assistenza centrata sul paziente, in quanto consente agli operatori sanitari di comprendere e soddisfare le esigenze uniche di pazienti diversi.

È inoltre fondamentale per la gestione di un team eterogeneo, in quanto aiuta a promuovere la comprensione, il rispetto reciproco e la coesione tra i membri del team provenienti da diversi contesti culturali. La gestione della diversità, invece, consiste nel creare un ambiente inclusivo in cui la diversità viene valorizzata e sfruttata. Si tratta di promuovere la diversità nel team, gestire i potenziali conflitti legati alla diversità e garantire che tutti i membri del team abbiano le stesse opportunità di contribuire e avere successo. Queste competenze sono particolarmente importanti nel settore sanitario, data la natura eterogenea dei pazienti e dei team sanitari. I team eterogenei apportano prospettive diverse, che possono migliorare la risoluzione dei problemi e l'innovazione. Inoltre, la competenza culturale può migliorare la soddisfazione dei pazienti, che si sentono compresi, rispettati e assistiti. Per sviluppare queste competenze, i leader devono informarsi sulle diverse culture, mettere in discussione i propri pregiudizi e sforzarsi di comprendere ed empatizzare con le prospettive altrui. Devono inoltre promuovere una cultura di squadra in cui la diversità sia valorizzata e tutti i membri del team si sentano inclusi e rispettati.

Prestazioni, responsabilità ed etica sono altre competenze di leadership essenziali nei microsistemi clinici, che costituiscono i pilastri della fiducia, dell'affidabilità e dell'integrità professionale in un ambiente sanitario.

- La gestione delle prestazioni è il processo con cui i leader monitorano, valutano e migliorano le prestazioni dei loro team e degli individui all'interno di questi ultimi. Nel contesto dei microsistemi clinici, ciò comporta la definizione di chiare aspettative di prestazione, la fornitura di feedback regolari, il riconoscimento delle buone prestazioni e la risoluzione tempestiva e costruttiva dei problemi di prestazione. Una gestione efficace delle prestazioni può portare a un miglioramento della produttività dell'équipe, a un'assistenza di qualità superiore ai pazienti e a un miglioramento del morale dell'équipe.

- La responsabilità si riferisce alla volontà di accettare la responsabilità delle proprie azioni e decisioni. I leader che dimostrano una forte responsabilità si assumono la responsabilità delle loro decisioni, sono al fianco del loro team sia nei successi che nei fallimenti e assicurano che le responsabilità siano chiaramente definite e comprese all'interno del team. Nell'ambiente interprofessionale e ad alta posta in gioco dei microsistemi clinici, la responsabilità è fondamentale per promuovere la fiducia e garantire un lavoro di squadra efficace.

- L'etica implica la comprensione e l'adesione ai principi morali che regolano il proprio comportamento o la conduzione di un'attività. La leadership etica nei microsistemi clinici significa sostenere i principi di correttezza, onestà, riservatezza e rispetto della dignità in tutte le interazioni, sia con i pazienti, sia con i membri dell'équipe, sia con le altre parti interessate. Questo è fondamentale per mantenere la fiducia, proteggere i diritti dei pazienti e garantire elevati standard di cura.

Lo sviluppo di queste competenze richiede un impegno all'eccellenza professionale e un approccio di leadership incentrato sulle persone. Per la gestione delle prestazioni, i leader devono stabilire chiari indicatori di performance, fornire feedback regolari e costruttivi e promuovere una cultura di apprendimento e miglioramento continuo. Per quanto riguarda la responsabilità, i leader devono dare l'esempio, incoraggiare una comunicazione e un feedback aperti e creare una cultura priva di colpe, in cui gli errori siano visti come opportunità di apprendimento. Per quanto riguarda l'etica, i leader devono sostenere e promuovere i più alti standard etici in tutte le attività e le decisioni e assicurarsi che i membri del loro team facciano lo stesso.

Esercizio: Sviluppare il team dei microsistemi clinici

Questo esercizio mira a promuovere lo sviluppo del team all'interno di un microsistema clinico attraverso attività che creano comprensione reciproca, fiducia e collaborazione. È stato progettato per essere condotto in un contesto di workshop.
1. Attività sui valori di squadra:

Per iniziare, chiedete a ogni membro del team di scrivere su foglietti adesivi i cinque valori principali che ritengono essenziali per il successo del lavoro di squadra in un ambiente sanitario. Uno alla volta, chiedete loro di posizionare i loro foglietti adesivi su una grande lavagna e di condividere il motivo per cui hanno scelto quei valori. Una volta che tutti hanno condiviso, raggruppate i valori simili. Discutete e concordate una serie di valori fondamentali per il team che ne guideranno il comportamento e il processo decisionale.

2. Circolo dei punti di forza e delle opportunità:

Successivamente, chiedete a ciascun membro del team di scrivere un punto di forza personale che apporta al team e un'area che vorrebbe sviluppare ulteriormente. Fate il giro della stanza e condividete. Questo incoraggia l'auto-riflessione, la crescita personale e la comprensione reciproca tra i membri del team.

3. Scenario del gioco di ruolo:

Create uno scenario sanitario pertinente al vostro microsistema clinico, dividete il team in gruppi più piccoli e chiedete loro di interpretare come gestirebbero la situazione. In seguito, discutete in gruppo su ciò che ha funzionato bene e su ciò che potrebbe essere migliorato. In questo modo i membri del team possono esercitarsi a risolvere i problemi e a prendere decisioni in un ambiente di supporto.

4. Attività di costruzione della fiducia:

Condurre un'attività che promuova la costruzione della fiducia, come il classico esercizio della "caduta della fiducia" o una sfida di squadra che richiede di affidarsi agli altri. Evidenziare l'importanza della fiducia in un ambiente sanitario e discutere i modi per promuovere la fiducia all'interno del team.

5. Definizione degli obiettivi:

Infine, facilitate una sessione sulla definizione degli obiettivi del team. Sulla base della missione e della visione del team, quali sono gli obiettivi del team per i prossimi sei mesi? Quali passi saranno necessari per raggiungere questi obiettivi? Chi sarà responsabile di cosa? In questo modo si crea una visione condivisa del futuro del team e si definisce chiaramente il ruolo di ciascuno nel raggiungimento degli obiettivi.

Concludete la sessione con un impegno da parte di ogni membro del team a sostenere i valori del team e a lavorare insieme per raggiungere gli obiettivi condivisi. Incoraggiateli a sostenere la crescita reciproca e a lavorare in modo collaborativo per affrontare le sfide. L'obiettivo è coltivare una cultura di squadra allineata, solidale, responsabile e focalizzata sul miglioramento continuo.

Capitolo 4: Pianificazione strategica nei microsistemi clinici

La pianificazione strategica svolge un ruolo fondamentale in Clinical Microsystems, dando forma alla visione, agli obiettivi e alle azioni che guidano l'assistenza ai pazienti e le prestazioni operative. È il processo di definizione della direzione e di decisione sull'allocazione delle risorse, compresi il personale e il capitale, per perseguire questa strategia. In un contesto sanitario, la pianificazione strategica consiste nell'immaginare il futuro dell'assistenza ai pazienti e nel determinare i passi necessari per raggiungere tale visione. Fornisce una tabella di marcia per guidare il microsistema clinico, assicurando che tutte le attività siano in linea con gli obiettivi generali.

La pianificazione strategica nei microsistemi clinici implica la comprensione del panorama sanitario, delle esigenze specifiche e delle aspirazioni dei pazienti, nonché delle capacità e del potenziale del team. Richiede una comprensione delle tendenze emergenti, dei progressi tecnologici e dei cambiamenti normativi nel settore sanitario. Il ruolo della pianificazione strategica è multiforme. Stabilisce la direzione del microsistema clinico, stabilisce le priorità delle iniziative, allinea gli sforzi del team e fornisce un quadro per il processo decisionale. Definendo obiettivi chiari e strategici, concentra le energie del team su ciò che conta di più per la cura del paziente.

La pianificazione strategica favorisce anche un approccio proattivo piuttosto che reattivo al cambiamento. Consente al microsistema clinico di anticipare e prepararsi alle sfide e alle opportunità future, anziché limitarsi a reagire ad esse. In questo modo, la pianificazione strategica migliora l'agilità, la resilienza e le prestazioni del microsistema. Inoltre, la pianificazione strategica nei microsistemi clinici è un processo collaborativo. Implica il coinvolgimento di tutti i membri dell'équipe, e spesso degli stessi pazienti, nella definizione del futuro dell'assistenza. Questo approccio inclusivo non solo arricchisce la strategia con prospettive diverse, ma favorisce anche l'appropriazione e l'impegno nella sua attuazione. La pianificazione strategica svolge un ruolo fondamentale nei microsistemi clinici. Non è solo uno strumento per definire la direzione e prendere decisioni, ma un processo per immaginare un futuro migliore per l'assistenza ai pazienti e mobilitare gli sforzi collettivi per realizzare tale visione.

Approfondendo la pianificazione strategica per i microsistemi clinici, si può capire che si tratta di un processo complesso, iterativo e collaborativo che comprende diverse fasi chiave. Questo processo di pianificazione strategica non è lineare ma piuttosto ciclico, consentendo continui aggiustamenti e miglioramenti in base all'evoluzione dell'ambiente sanitario e all'emergere di nuove conoscenze.

- Scansione ambientale: Comprende la comprensione dell'ambiente esterno e interno in cui opera il microsistema. All'esterno, si esaminano fattori come il panorama delle politiche sanitarie, le tendenze demografiche, i progressi tecnologici e le forze competitive. All'interno, si valutano i punti di forza, le debolezze, le opportunità e le minacce del microsistema - un'analisi SWOT.

- Definizione della visione e della missione: La dichiarazione di visione descrive lo stato futuro desiderato del microsistema, mentre la dichiarazione di missione spiega il suo scopo principale. Queste dichiarazioni forniscono una direzione e un'ispirazione a lungo termine per il team.

- Definizione di obiettivi e traguardi: Sulla base della visione e della missione, vengono stabiliti obiettivi specifici, misurabili, raggiungibili, pertinenti e vincolati nel tempo (SMART). Questi forniscono una chiara tabella di marcia per il microsistema e una base per la misurazione delle prestazioni.

- Formulazione della strategia: Si tratta di determinare come il microsistema raggiungerà i suoi obiettivi e le sue finalità. Le strategie possono riguardare iniziative come il miglioramento dei processi assistenziali, lo sfruttamento della tecnologia, lo sviluppo delle competenze del team o il rafforzamento del coinvolgimento dei pazienti.
- Pianificazione dell'attuazione: Si tratta di delineare le azioni, le tempistiche, le responsabilità e le risorse necessarie per l'esecuzione della strategia. Un piano di implementazione dettagliato assicura che la strategia sia tradotta in passi concreti e che ognuno conosca il proprio ruolo in questo processo.

- Monitoraggio delle prestazioni: Si tratta di monitorare i progressi verso gli obiettivi e le finalità, utilizzando indicatori come i risultati dei pazienti, l'efficienza dei processi, la soddisfazione del team e le prestazioni finanziarie. Il monitoraggio regolare delle prestazioni consente di apportare modifiche tempestive e miglioramenti continui.

- Revisione e aggiustamento: Questa è la fase finale in cui si valuta la strategia e si apportano le modifiche necessarie in base al feedback, ai risultati delle prestazioni e all'evoluzione delle condizioni.

In tutto questo processo, il coinvolgimento e la comunicazione sono essenziali. Tutti i membri del team devono essere coinvolti nella pianificazione strategica, poiché le loro intuizioni, il loro consenso e il loro impegno sono fondamentali per il successo dell'attuazione. Inoltre, il piano e i suoi progressi devono essere comunicati in modo chiaro e regolare a tutti gli stakeholder, favorendo la trasparenza e la responsabilità collettiva. La pianificazione strategica nei microsistemi clinici è un processo rigoroso ma dinamico che consente a queste piccole unità funzionali di navigare nella complessità dell'assistenza sanitaria, migliorare continuamente le proprie prestazioni e fornire la migliore assistenza possibile ai pazienti.

Il coinvolgimento del personale e degli stakeholder nella pianificazione strategica è un aspetto critico per il successo dell'attuazione. Questo approccio collaborativo viene spesso definito pianificazione partecipativa e contribuisce alla creazione di piani strategici solidi, realistici e ben supportati. Quando i membri del personale, compresi gli operatori sanitari di prima linea, sono coinvolti nella pianificazione strategica, apportano un bagaglio di intuizioni operative, competenze cliniche ed esperienze di interazione con i pazienti che possono arricchire notevolmente la strategia. Possono aiutare a identificare i problemi principali, a generare idee innovative e a suggerire soluzioni pratiche che si allineino con la realtà del lavoro quotidiano.

Il coinvolgimento del personale aumenta la titolarità e l'impegno. Quando le persone partecipano alla definizione di un piano, è più probabile che lo comprendano, lo sostengano e lo eseguano diligentemente. Questo coinvolgimento può facilitare notevolmente l'attuazione della strategia e la gestione del cambiamento, portando a risultati migliori. Anche gli stakeholder, come i pazienti, le loro famiglie, gli altri operatori sanitari e persino la comunità in generale, possono apportare prospettive preziose alla pianificazione strategica. Possono aiutare il microsistema a comprendere più a fondo le esigenze, le aspettative e le esperienze dei pazienti, nonché a chiarire i ruoli e le aspettative delle altre entità sanitarie. Il loro contributo può aiutare a garantire che la strategia sia incentrata sul paziente e integrata con il più ampio ecosistema sanitario.

Coinvolgere il personale e gli stakeholder nella pianificazione strategica richiede una comunicazione chiara, apertura mentale e rispetto per la diversità di opinioni. Possono essere utilizzati vari metodi, come sondaggi, workshop, focus group o forum di dialogo continui. Può anche richiedere capacità di facilitazione per garantire discussioni costruttive e la costruzione del consenso. Il coinvolgimento del personale e delle parti interessate nella pianificazione strategica non è solo vantaggioso, ma anche cruciale per i microsistemi clinici. Rende la strategia più informata, pratica e supportata, aumentando il suo potenziale di miglioramento dell'assistenza ai pazienti e delle prestazioni operative.

Lo sviluppo di una missione, di una visione e di valori condivisi per il microsistema clinico è un aspetto cruciale della pianificazione strategica, in quanto funge da bussola che guida tutte le azioni e le decisioni all'interno del team. Queste componenti forniscono un senso unitario dello scopo e una comprensione condivisa del ruolo del microsistema nella cura del paziente, delle sue aspirazioni per il futuro e dei principi che sono alla base delle sue attività. La dichiarazione di missione deve articolare chiaramente lo scopo principale del microsistema. Risponde alle domande: perché il microsistema esiste e quali bisogni fondamentali soddisfa? In un contesto sanitario, la missione spesso ruota attorno alla fornitura di cure di alta qualità e centrate sul paziente.

La dichiarazione di visione deve racchiudere ciò che il microsistema aspira a diventare in futuro. Si tratta di una dichiarazione lungimirante che fornisce un obiettivo e una direzione a lungo termine. Nel caso di un microsistema clinico, la visione potrebbe consistere nel diventare un fornitore leader in una specifica area di cura, nell'essere pioniere di nuovi approcci al coinvolgimento dei pazienti o nel raggiungere risultati sanitari eccellenti. La dichiarazione dei valori deve delineare i principi e i comportamenti fondamentali a cui il microsistema tiene. Questi valori possono includere, tra gli altri, la professionalità, la compassione, il lavoro di squadra, l'innovazione o l'integrità. Essi fungono da guida per il comportamento e il processo decisionale all'interno del microsistema. Lo sviluppo di questi componenti deve essere un processo collettivo e inclusivo che coinvolga tutti i membri del team. Ognuno deve avere l'opportunità di contribuire con le proprie intuizioni e idee, assicurando che la missione, la visione e i valori riflettano veramente l'identità collettiva e le aspirazioni del microsistema.

Il processo di sviluppo può prevedere sessioni di brainstorming, discussioni facilitate o altre attività partecipative. È importante creare uno spazio sicuro e rispettoso in cui tutti si sentano a proprio agio nel condividere i propri pensieri e in cui ogni idea venga presa in considerazione. Una volta definiti la missione, la visione e i valori, questi devono essere comunicati chiaramente a tutti i membri del team e agli altri stakeholder. Inoltre, devono essere rivisti regolarmente e, se necessario, modificati per rimanere pertinenti e stimolanti in un ambiente sanitario in continua evoluzione. La missione, la visione e i valori condivisi sono fondamentali per la pianificazione strategica di un microsistema clinico. Essi uniscono il team attorno a uno scopo, una direzione e dei principi comuni, favorendo l'allineamento, la motivazione e la coesione.

Esercizio: Sviluppare una missione, una visione e dei valori condivisi per il microsistema clinico.

Lo sviluppo di una missione, di una visione e di valori condivisi per un microsistema clinico può essere facilitato da un esercizio di gruppo strutturato che coinvolga tutti i membri del team. Ecco un semplice esercizio passo dopo passo:

1. Preparazione:

Informare il team sullo scopo dell'esercizio, sull'importanza di una missione, una visione e dei valori condivisi e sul loro ruolo nel processo. Fornire esempi di dichiarazioni di missione, visione e valori nel settore sanitario per stimolare la loro riflessione.

2. Riflessione individuale:

Chiedete a ciascun membro del team di riflettere e scrivere individualmente le proprie idee su quali dovrebbero essere la missione (lo scopo), la visione (le aspirazioni) e i valori (i principi guida) del microsistema. Date loro alcune domande guida per stimolare il loro pensiero. Per esempio:

- Qual è il nostro scopo principale, la ragione per cui il nostro microsistema esiste?
- Quale futuro vogliamo creare per il nostro microsistema e per i nostri pazienti?
- Quali principi e comportamenti riteniamo più importanti?

3. Discussione di gruppo:

Successivamente, agevolate una discussione di gruppo in cui ogni membro del team condivida le proprie idee. Incoraggiate un dialogo aperto e rispettoso. Registrate tutte le idee su una lavagna o una lavagna a fogli mobili.
4. Sintesi:

Come gruppo, discutete i temi ricorrenti, le somiglianze e le differenze delle idee condivise. Cercate di sintetizzarle in una bozza di missione, visione e valori. Cercate di ottenere il consenso, ma se ci sono opinioni diverse, prendete in considerazione la possibilità di votare o di ritornare su questi punti dopo una certa riflessione.

5. Perfezionamento:

Affinare le bozze delle dichiarazioni per renderle concise, chiare e incisive. Assicuratevi che riflettano accuratamente i contributi e le aspirazioni collettive del team. Potrebbero essere necessarie diverse tornate di perfezionamento per ottenere il giusto risultato.
6. Convalida:

Una volta ottenuta la bozza finale, convalidatela con tutto il team. Assicuratevi che tutti ritengano che le dichiarazioni siano una rappresentazione fedele dello scopo, della direzione futura e dei principi del microsistema.

7. Comunicazione e integrazione:

Infine, comunicare la missione, la visione e i valori concordati a tutte le parti interessate, compresi i pazienti, e integrarli nelle pratiche quotidiane, nei processi decisionali, nelle metriche di performance e nei rituali del team. Ricordate che questo esercizio non è un evento isolato, ma fa parte di una conversazione continua. Rivedete periodicamente queste dichiarazioni e rivedetele, se necessario, per mantenerle attuali e stimolanti.

Capitolo 5: Sviluppare e guidare microsistemi clinici ad alte prestazioni

Un microsistema clinico ben funzionante è sostenuto dagli sforzi di collaborazione di un team multidisciplinare con competenze diverse. Questi team non si limitano a medici, infermieri e altri operatori sanitari, ma si estendono fino a comprendere il personale amministrativo e di supporto. La composizione dell'équipe deve essere attentamente curata per rispecchiare i servizi che il microsistema è stato creato per fornire. Ogni membro dell'équipe ha il potenziale per soddisfare un'esigenza specifica del paziente. A seconda della popolazione di pazienti e dei servizi forniti, questi bisogni possono richiedere l'esperienza di fisioterapisti e terapisti occupazionali, assistenti sociali, farmacisti, educatori sanitari, case manager e altri ruoli specializzati. Inoltre, i pazienti e le loro famiglie costituiscono una componente critica di questo team, guidando la progettazione, il funzionamento e il miglioramento del microsistema.

Nell'intricata struttura di un microsistema clinico, ogni membro del team ha un ruolo da svolgere. Il Clinical Leader, spesso un clinico senior, ha la responsabilità di guidare l'équipe, gestire situazioni cliniche complesse e supervisionare le prestazioni complessive del microsistema. Al leader clinico si affianca il leader operativo, a cui è affidato il compito di gestire le operazioni quotidiane, che possono riguardare la programmazione, l'allocazione delle risorse, la definizione del budget e la garanzia della continuità dei servizi. D'altro canto, il Leader del miglioramento si concentra sulla promozione della qualità delle cure e dell'efficienza del microsistema. Questo ruolo richiede una profonda conoscenza delle metodologie di miglioramento e dell'analisi dei dati, unita all'abilità di guidare le iniziative di cambiamento.

Il personale clinico, tra cui infermieri, medici e altri operatori sanitari, è in prima linea e fornisce assistenza diretta ai pazienti. I loro ruoli possono variare in modo significativo a seconda dell'obiettivo del microsistema e della popolazione di pazienti. Il personale clinico è supportato dall'inestimabile contributo del personale amministrativo, degli addetti alla reception, degli assistenti sanitari e di altri operatori, che semplificano la fornitura di un'assistenza efficiente ed efficace ai pazienti.

L'essenza della leadership nei microsistemi clinici non si limita a un singolo ruolo o a una singola persona. Richiede uno sforzo concertato da parte dell'intero team. Le chiavi per una leadership di successo sono: La creazione di una visione condivisa del microsistema aiuta ad allineare gli sforzi e a definire la direzione. Consente agli individui di lavorare verso un obiettivo comune e infonde nel loro lavoro un senso di finalità. Oltre a definire una visione, dare ai membri del team la possibilità di appropriarsi del proprio ruolo può aumentare notevolmente le prestazioni del microsistema. Si tratta di creare un ambiente in cui ogni voce è importante e tutti sono incoraggiati a contribuire con idee e a partecipare ai processi decisionali.

La comunicazione gioca un ruolo fondamentale in questo assetto. I leader devono assicurarsi che le informazioni siano condivise in modo tempestivo e accurato tra i membri del team. Devono inoltre promuovere un ambiente che accolga i pensieri e le preoccupazioni di tutti. A complemento degli sforzi di comunicazione, i leader devono anche coltivare una cultura di apprendimento continuo. Questo incoraggia i team a cercare costantemente il miglioramento, offrendo opportunità di formazione continua e di sviluppo delle competenze, e riflettendo regolarmente sulle prestazioni per identificare le aree di miglioramento.

Il successo di un microsistema clinico è strettamente legato alla composizione dell'équipe e ai ruoli che essa svolge. I leader dovrebbero sforzarsi di coltivare un ambiente che riconosca i contributi di tutti, promuova una comunicazione aperta e incoraggi il miglioramento continuo. È attraverso questo ambiente collaborativo e iterativo che un microsistema clinico può eccellere, fornendo un'assistenza di alta qualità incentrata sul paziente.

La creazione di una cultura della collaborazione e del rispetto all'interno di un microsistema clinico è fondamentale per il suo successo. Questo tipo di ambiente incoraggia tutti i membri del team a lavorare insieme verso una visione condivisa, con un rispetto reciproco che favorisce la comprensione e le interazioni positive tra i membri del team. Questa cultura ha un impatto positivo sul morale del personale, sull'impegno e, in ultima analisi, sulla qualità delle cure fornite ai pazienti. La collaborazione efficace e il rispetto sono radicati nella consapevolezza che ogni individuo, indipendentemente dal suo ruolo, apporta competenze e prospettive uniche. Questa consapevolezza incoraggia la valorizzazione della diversità, favorisce l'inclusività e promuove un senso di appartenenza all'interno del team.

In primo luogo, la comunicazione efficace è un principio chiave per promuovere la collaborazione e il rispetto. Comporta l'ascolto attivo, l'espressione chiara di sé, la comprensione del punto di vista altrui e il coinvolgimento in un feedback costruttivo. Incoraggiando un dialogo aperto e conversazioni trasparenti, è possibile ridurre al minimo i malintesi e raggiungere soluzioni efficaci in modo collaborativo. In secondo luogo, lo sviluppo di una cultura della collaborazione e del rispetto richiede il riconoscimento e l'apprezzamento dei contributi di tutti i membri del team. Il riconoscimento regolare e il rinforzo positivo degli sforzi di tutti i membri possono contribuire a creare un'atmosfera di sostegno in cui tutti si sentano apprezzati.

Infine, è fondamentale un senso di responsabilità condivisa. Ciò significa che ogni membro del team comprende i propri ruoli e le proprie responsabilità e rispetta i ruoli degli altri, il che porta a un ambiente di lavoro più cooperativo.

Il viaggio verso la creazione di una cultura della collaborazione e del rispetto inizia dalla leadership. I leader devono modellare i comportamenti desiderati, promuovendo attivamente la collaborazione e dimostrando rispetto nelle loro interazioni. I leader possono incoraggiare la collaborazione creando un ambiente sicuro e inclusivo in cui i membri del team si sentano a proprio agio nel condividere idee e opinioni. Ciò comporta l'accettazione di punti di vista diversi, l'incoraggiamento del pensiero innovativo e la facilitazione di discussioni produttive. Promuovere l'apprendimento continuo e lo sviluppo professionale è un altro passo fondamentale per coltivare la collaborazione e il rispetto. Offrendo ai membri del team opportunità di apprendimento e crescita, i leader promuovono una cultura in cui gli individui sono motivati a contribuire al successo del team.

Lo sviluppo di una cultura della collaborazione e del rispetto è un processo multiforme che richiede un impegno costante da parte di tutti i membri del team. Quando i membri dell'équipe si sentono rispettati e sono in grado di collaborare efficacemente, è più probabile che siano impegnati e motivati. Questo, a sua volta, si traduce in una maggiore qualità dell'assistenza ai pazienti, rafforzando il ruolo essenziale che una cultura collaborativa e rispettosa svolge nel successo di un microsistema clinico.

La motivazione e il coinvolgimento sono fattori critici nella creazione di un microsistema clinico ad alte prestazioni. I membri del team impegnati e motivati contribuiscono a rendere l'ambiente di lavoro più produttivo, efficiente e creativo, migliorando in ultima analisi l'assistenza ai pazienti. È più probabile che si approprino del loro ruolo, cerchino soluzioni innovative e si impegnino per un miglioramento continuo. Una strategia chiave per promuovere la motivazione e il coinvolgimento consiste nel riconoscere e apprezzare gli sforzi del team. Un feedback regolare, sia individuale che collettivo, aiuta i membri del team a comprendere il loro ruolo nel successo del microsistema. La celebrazione dei successi, per quanto piccoli, e il riconoscimento del duro lavoro e della dedizione possono contribuire in modo significativo al morale e alla motivazione.

La creazione di un senso di scopo è un altro potente motivatore. Una visione e una missione ben articolate possono dare ai membri del team un senso di direzione e di scopo. Comprendere l'importanza del loro ruolo nella realizzazione di questa visione aiuta a promuovere il coinvolgimento e l'impegno nel lavoro. Offrire opportunità di crescita e sviluppo è fondamentale. La formazione regolare, le opportunità di aggiornamento e le possibilità di avanzamento di carriera dimostrano ai membri del team che la loro crescita professionale è apprezzata, il che a sua volta aumenta la motivazione e l'impegno. Promuovere una cultura di squadra solidale e inclusiva è una strategia vitale per il coinvolgimento. Quando i membri del team sentono che il loro contributo è apprezzato e che il loro benessere è considerato prioritario, è più probabile che si impegnino nel loro lavoro.

I leader svolgono un ruolo centrale nel promuovere la motivazione e l'impegno all'interno dei loro team. Danno il tono all'ambiente di lavoro, modellano i comportamenti desiderati e creano opportunità di crescita e sviluppo. I leader efficaci ascoltano i membri del loro team, rispondono alle loro esigenze e creano una cultura di rispetto e collaborazione. Comprendono i punti di forza e le capacità uniche di ciascun membro del team e li sfruttano per promuovere le prestazioni del team e l'assistenza ai pazienti. La motivazione e il coinvolgimento sono elementi cruciali per il successo di un microsistema clinico. Attraverso strategie come il riconoscimento, la creazione di un senso di appartenenza, l'offerta di opportunità di crescita e la promozione di una cultura di supporto al team, i leader possono ispirare i loro team a dare il meglio di sé. Un team motivato e impegnato ha maggiori probabilità di fornire un'assistenza di alta qualità ai pazienti, migliorando così le prestazioni e il successo del microsistema.

Esercizio fisico: Migliorare il coinvolgimento e la motivazione

Obiettivo: Identificare le aree chiave per migliorare la motivazione e l'impegno del team e sviluppare misure attuabili per affrontare queste aree all'interno del vostro microsistema clinico.

Materiale necessario: Lavagna a fogli mobili o bianca, pennarelli, blocchi per appunti e penne per ogni partecipante.

Durata: 60-90 minuti

Fase 1: capire la motivazione e il coinvolgimento
Iniziate con una breve discussione sulla motivazione e sul coinvolgimento. Condividete i concetti e il motivo per cui sono importanti per un microsistema clinico ad alte prestazioni. Discutete di come team motivati e impegnati contribuiscano a rendere più efficiente e migliore l'assistenza ai pazienti. (Durata: 10 minuti)

Fase 2: Autovalutazione
Chiedete a ciascun membro del team di riflettere sul proprio livello attuale di motivazione e impegno. Chiedete loro di annotare quali sono gli aspetti che trovano motivanti del loro lavoro e quali sono le aree che ritengono possano essere migliorate per aumentare il loro impegno. (Durata: 10 minuti)

Fase 3: Discussione di gruppo
Invitate i membri del team a condividere i loro pensieri, concentrandosi innanzitutto su ciò che li motiva attualmente. Documentate queste risposte sulla lavagna a fogli mobili o sulla lavagna bianca. Questo aiuterà a identificare i fattori motivanti

comuni all'interno del team. Successivamente, discutete le aree di miglioramento e documentate anche queste. Assicuratevi che tutti i partecipanti si sentano ascoltati e che il loro contributo sia valorizzato. (Durata: 20 minuti)

Fase 4: Definire le priorità delle aree da migliorare
Sulla base della discussione, identificate i temi comuni e raggruppateli. Come gruppo, decidete quali sono le aree più importanti da affrontare per prime. Puntate a selezionare 2-3 aree chiave da migliorare. (Durata: 15 minuti)

Fase 5: Sviluppare le fasi d'azione
Una volta identificate le aree chiave, lavorate insieme per sviluppare passi concreti per ogni area. Queste fasi devono essere specifiche, misurabili, realizzabili, pertinenti e limitate nel tempo (SMART). Assegnate le responsabilità per ogni fase d'azione per garantire la responsabilità. (Durata: 25 minuti)

Fase 6: Follow-up
Programmare una riunione di follow-up per verificare i progressi delle fasi d'azione. Questa riunione dovrebbe tenersi tra qualche settimana e un mese dopo l'esercizio iniziale, in modo da avere il tempo sufficiente per implementare i cambiamenti e vedere i primi risultati. (Durata: 5 minuti)

Ricordate che il miglioramento della motivazione e del coinvolgimento è un processo continuo. Rivedete regolarmente questo esercizio per mantenere l'équipe motivata e coinvolta, adattando le strategie, se necessario, in base alle esigenze specifiche dell'équipe e del microsistema clinico.

Capitolo 6: Migliorare la cura e la sicurezza del paziente nei microsistemi clinici[5]

La standardizzazione è una pietra miliare di questo miglioramento. Comporta la definizione e l'applicazione di procedure operative standard per vari processi in ambito sanitario. Assicurando che tutti gli operatori sanitari seguano procedure identiche, il potenziale di errore può essere ridotto in modo significativo, con conseguente miglioramento della qualità delle cure. L'applicazione dei dati nei processi decisionali è un'altra strategia fondamentale. L'utilizzo dei dati per identificare le tendenze dei risultati dei pazienti, individuare le aree che necessitano di miglioramenti e misurare l'efficacia dei diversi interventi può migliorare notevolmente la sicurezza dei pazienti.

Un lavoro di squadra e una comunicazione efficace sono essenziali anche per garantire la sicurezza del paziente. Le possibilità di errori e malintesi sono ridotte al minimo quando la comunicazione è chiara ed efficace, il che porta anche a una maggiore soddisfazione del paziente. Strumenti come lo SBAR (Situazione, contesto, valutazione, raccomandazione) possono aiutare a standardizzare la comunicazione e a promuovere un lavoro di squadra efficiente. Altrettanto cruciale è la promozione di una cultura dell'apprendimento e del miglioramento continui. Quando tutti i membri del microsistema clinico sono aperti a imparare dai propri errori e cercano continuamente di migliorare, la qualità complessiva dell'assistenza al paziente aumenta. La formazione regolare, le sessioni di feedback e l'incoraggiamento all'innovazione sono i modi per promuovere questa cultura.

L'assistenza centrata sul paziente è un'altra strategia centrale. Adattando i piani di cura alle esigenze, ai valori e alle preferenze

---

[5] Per un approfondimento sul miglioramento delle prestazioni dei microsistemi clinici, consultare il sito https://clinicalmicrosystem.org.

specifiche dei pazienti, si possono migliorare la soddisfazione e i risultati. Il coinvolgimento del paziente, la condivisione trasparente delle informazioni e l'inclusione del processo decisionale sono metodi efficaci per implementare un'assistenza centrata sul paziente. Anche l'uso della tecnologia, come le cartelle cliniche elettroniche (EHR), i sistemi di supporto alle decisioni e la telemedicina, può svolgere un ruolo significativo nel migliorare la qualità e la sicurezza dell'assistenza ai pazienti. Questi strumenti possono ridurre gli errori, aumentare l'efficienza e rafforzare il coinvolgimento dei pazienti.

La misurazione delle prestazioni e il feedback sono parte integrante di questo processo di miglioramento. Valutando regolarmente le prestazioni e fornendo un feedback agli operatori sanitari si possono motivare i miglioramenti, monitorare i progressi ed evidenziare le aree che necessitano di miglioramenti. La gestione del rischio è un'altra area chiave di attenzione. Identificando i rischi potenziali e stabilendo misure per mitigarli, è possibile ridurre al minimo la probabilità di errori, migliorando la sicurezza dei pazienti. A questo proposito, sono strategie efficaci le valutazioni periodiche dei rischi, i piani di gestione dei rischi e la formazione del personale sulla gestione dei rischi.

Si possono applicare metodologie come Lean e Six Sigma che enfatizzano la riduzione degli sprechi, l'aumento dell'efficienza e il miglioramento della qualità. L'identificazione di aree di spreco o inefficienza, l'implementazione di cambiamenti e la misurazione del loro impatto possono migliorare notevolmente l'assistenza e la sicurezza dei pazienti. Sebbene queste strategie possano migliorare significativamente l'assistenza e la sicurezza dei pazienti nei microsistemi clinici, è importante ricordare che non tutte le strategie sono applicabili a tutti i contesti. Pertanto, queste strategie devono essere adattate al contesto e alle esigenze specifiche di ciascun microsistema clinico.

Garantire la sicurezza dei pazienti nell'assistenza sanitaria è fondamentale e l'adesione a determinati standard e best practice è la chiave per raggiungere questo obiettivo. Queste linee guida contribuiscono a ridurre i danni ai pazienti e a facilitare l'erogazione di cure ottimali. Il cuore di queste best practice è la creazione di una cultura della sicurezza all'interno delle organizzazioni sanitarie. È fondamentale creare un ambiente in cui il personale possa segnalare senza timore gli errori o i quasi incidenti, poiché questa apertura incoraggia la comunicazione, l'apprendimento dagli errori e il miglioramento continuo.

L'implementazione di sistemi di segnalazione degli errori efficienti e anonimi è un'altra pratica cruciale. Tali sistemi consentono agli operatori sanitari di rivelare gli incidenti che potrebbero causare o hanno causato danni ai pazienti. L'analisi di queste segnalazioni consente alle organizzazioni di individuare gli schemi, comprendere le cause alla radice degli errori ed elaborare strategie per prevenire incidenti futuri. Anche l'identificazione accurata del paziente è essenziale per prevenire errori come diagnosi errate o somministrazione di farmaci non corretti. A questo scopo si possono utilizzare più identificatori, come il nome, la data di nascita e il numero di cartella clinica.

In termini di sicurezza dei farmaci, per evitare errori si utilizzano pratiche come i sistemi di codifica a barre, le procedure di doppio controllo e i sistemi computerizzati di inserimento degli ordini dei medici. Inoltre, la formazione dei professionisti sulle potenziali interazioni farmacologiche e la regolare revisione dei farmaci fanno parte di questo standard cruciale. L'igiene delle mani, sebbene sia una pratica di base, svolge un ruolo cruciale nella prevenzione delle infezioni associate all'assistenza sanitaria. La conformità alle linee guida per l'igiene delle mani di organizzazioni come l'Organizzazione Mondiale della Sanità (OMS) o i Centri per il Controllo e la Prevenzione delle Malattie (CDC) è uno standard essenziale. È stato dimostrato che l'uso di liste di controllo, soprattutto durante le procedure complesse, riduce gli errori e migliora i risultati. Un esempio emblematico è la lista di controllo per la sicurezza chirurgica dell'OMS.

Incoraggiare i pazienti a partecipare attivamente alle loro cure è un altro standard importante. Ciò include l'educazione dei pazienti sulle loro condizioni, il loro coinvolgimento nei processi decisionali e la promozione della loro comprensione delle misure di sicurezza. Anche la garanzia di una comunicazione chiara ed efficace tra gli operatori sanitari e il coordinamento delle cure tra i diversi operatori e le diverse strutture sono fondamentali per la sicurezza dei pazienti. La standardizzazione degli strumenti di comunicazione, come lo SBAR (Situazione, contesto, valutazione, raccomandazione), può essere di grande aiuto in questo senso. La formazione del personale e la competenza nel proprio ruolo sono aspetti vitali delle migliori pratiche per la sicurezza dei pazienti. La formazione regolare del personale sulla sicurezza dei pazienti è fondamentale. L'adesione ai protocolli di prevenzione e controllo delle infezioni, come i metodi di sterilizzazione adeguati, l'uso di dispositivi di protezione individuale e le procedure di isolamento, quando necessario, è uno standard fondamentale.

Sebbene l'adesione a questi standard e best practice migliori significativamente la sicurezza del paziente e la qualità dell'assistenza, essi devono essere adattati in base alle esigenze specifiche e al contesto di ciascun microsistema clinico. È inoltre essenziale che le organizzazioni sanitarie si tengano aggiornate sulle ultime evidenze e sui cambiamenti degli standard e delle pratiche di sicurezza dei pazienti.

Sfruttare la potenza della tecnologia nei microsistemi clinici è essenziale per elevare la qualità delle cure e la sicurezza dei pazienti. In questo contesto, la telemedicina è emersa come una componente vitale, rendendo possibile per i pazienti interagire a distanza con gli operatori sanitari. Questo riduce i rischi di infezione, garantisce la tempestività delle cure ed è particolarmente vantaggioso nei luoghi in cui l'accesso all'assistenza sanitaria è limitato. Nell'ambito della gestione delle informazioni sui pazienti, le cartelle cliniche elettroniche (EHR) stanno diventando la pietra miliare. Gli EHR aggregano tutti i dati sanitari di un paziente in un'unica piattaforma accessibile, aprendo la strada a una migliore comunicazione tra gli operatori e riducendo al minimo gli errori dovuti a una comunicazione errata o alla mancanza di informazioni. Tecnologie avanzate come l'Intelligenza Artificiale (AI) e l'Apprendimento Automatico (ML) stanno dimostrando di essere trasformative per la cura e la sicurezza dei pazienti all'interno dei Microsistemi clinici. Analizzando rapidamente grandi insiemi di dati e identificando modelli cruciali, queste tecnologie possono essere utilizzate per l'analisi predittiva, la diagnostica per immagini, il monitoraggio della progressione della malattia e la personalizzazione delle strategie di trattamento.

L'ascesa delle tecnologie di monitoraggio remoto del paziente (RPM) sta migliorando in modo significativo l'assistenza domiciliare ai pazienti. Esse consentono agli operatori sanitari di tenere sotto controllo le condizioni di salute e i segni vitali dei pazienti da remoto, facilitando risposte immediate alle cure e una gestione efficiente delle malattie croniche. Insieme, i dispositivi indossabili possono monitorare vari indicatori di salute come la frequenza cardiaca, la pressione sanguigna e i modelli di sonno, fornendo dati essenziali per il rilevamento precoce dei problemi di salute. La tecnologia Blockchain nei microsistemi clinici sta migliorando la sicurezza dei pazienti salvaguardandone i dati e mantenendone la tracciabilità. È anche utile per snellire le catene di approvvigionamento, riducendo così la prevalenza di farmaci contraffatti. La robotica sta guadagnando terreno nella fornitura di assistenza sanitaria nell'ambito dei microsistemi clinici. Si va dai sistemi chirurgici robotizzati che migliorano la precisione degli interventi, agli assistenti robotizzati per l'assistenza agli anziani, ai sistemi di consegna automatizzati negli ospedali, riducendo l'errore umano e le possibilità di contaminazione. Parallelamente, la tecnologia di stampa 3D sta rivoluzionando la cura dei pazienti, consentendo la creazione di protesi personalizzate, impianti dentali e persino tessuti e organi bio-stampati.

Sia la Realtà Virtuale (VR) che la Realtà Aumentata (AR) hanno un ruolo importante nella cura e nella sicurezza dei pazienti. Mentre la VR può essere utilizzata per la gestione del dolore, la riabilitazione, la terapia psicologica e l'addestramento chirurgico, la AR migliora la sicurezza e l'efficienza delle procedure chirurgiche, fornendo informazioni critiche in tempo reale in sovrapposizione alla vista del chirurgo. La medicina genomica guidata dalla tecnologia sta diventando sempre più diffusa nei microsistemi clinici, con il sequenziamento del genoma degli individui ormai una realtà. Questo approccio aiuta a identificare i rischi di malattia, a comprendere la progressione della malattia e a sviluppare piani di trattamento personalizzati. Per garantire che queste tecnologie siano effettivamente incorporate nell'assistenza ai pazienti all'interno dei Microsistemi clinici, è importante affrontare problemi quali la privacy e la sicurezza dei dati, l'alfabetizzazione sanitaria e l'accesso equo alla tecnologia da parte di diversi gruppi socio-economici. Inoltre, gli operatori sanitari hanno bisogno di una formazione completa per utilizzare efficacemente queste tecnologie.

Esercizio: Migliorare la qualità e la sicurezza nei microsistemi clinici

Obiettivo: Migliorare la comprensione dei partecipanti su come la tecnologia possa essere utilizzata per migliorare la qualità e la sicurezza dell'assistenza ai pazienti nell'ambito dei microsistemi clinici.

Parte 1: Comprendere il ruolo della tecnologia nell'assistenza ai pazienti (30 minuti)

Istruzioni: I partecipanti saranno divisi in piccoli gruppi. A ogni gruppo verrà assegnata una tecnologia specifica (EHR, AI e ML, RPM, Blockchain, Robotica, Stampa 3D, VR/AR, Medicina genomica). Ogni gruppo dovrà:

- Ricercare come la tecnologia assegnata possa migliorare l'assistenza e la sicurezza dei pazienti.
- Discutere le potenziali sfide nell'implementazione di questa tecnologia in un microsistema clinico.
- Preparate una breve presentazione (5 minuti) per condividere i risultati con il gruppo.

Parte 2: Gioco di ruolo - Implementazione della tecnologia (1 ora)

Istruzioni: Sulla base delle informazioni raccolte nella Parte 1, ogni gruppo dovrà interpretare come implementare la tecnologia assegnata in un microsistema clinico. Considerate i seguenti punti:

- Come affronterete la questione della privacy e della sicurezza dei dati?
- Come farete a garantire che i pazienti e gli operatori sanitari possano utilizzare efficacemente questa tecnologia?
- In che modo questa tecnologia migliorerà la qualità e la sicurezza?
- Come gestirete le sfide identificate nella Parte 1?

Dopo ogni gioco di ruolo, il gruppo più ampio fornirà un feedback sulla strategia di attuazione.

Parte 3: Collaborazione interdisciplinare (30 minuti)

Istruzioni: I gruppi saranno rimescolati per includere i membri di ciascuno dei gruppi originari incentrati sulla tecnologia. I nuovi gruppi saranno:

- Identificare uno scenario di assistenza al paziente in cui più tecnologie possono essere utilizzate insieme per migliorare la cura e la sicurezza del paziente.
- Discutere come queste tecnologie possono essere integrate e quali sfide possono sorgere da questa integrazione.
- Delineare una strategia per implementare e gestire efficacemente queste tecnologie integrate nello scenario di cura del paziente scelto.

Ogni gruppo presenterà la propria strategia tecnologica integrata al gruppo più ampio per ottenere un feedback.

Parte 4: Riflessione (30 minuti)

Istruzioni: I partecipanti rifletteranno individualmente su ciò che hanno imparato durante l'esercizio. Ogni partecipante dovrà:

- Scrivete tre punti chiave dell'esercizio.
- Identificare una tecnologia che hanno trovato di maggior impatto per la cura e la sicurezza dei pazienti e spiegarne il motivo.
- Suggerire strategie per superare le sfide identificate durante l'esercizio.

Resoconto e passi successivi (15 minuti)
Il facilitatore guiderà una discussione di gruppo per consolidare gli insegnamenti tratti dall'esercitazione. I partecipanti condivideranno le loro riflessioni e il gruppo discuterà i possibili passi successivi per implementare queste tecnologie nei propri microsistemi clinici.

La gestione del cambiamento è una metodologia sistematica per affrontare la transizione o la trasformazione degli obiettivi, dei processi o delle tecnologie di un'organizzazione. L'obiettivo principale è l'esecuzione di strategie di cambiamento, il controllo dei cambiamenti e l'assistenza a individui, team e organizzazioni nell'adattamento al cambiamento. Questo approccio può essere applicato efficacemente nel settore sanitario utilizzando le intuizioni di teorici come Albert Bandura e John P. Kotter.

La teoria dell'apprendimento sociale di Albert Bandura è un quadro prezioso per comprendere la gestione del cambiamento. Questa teoria suggerisce che l'apprendimento avviene in un contesto sociale, con gli individui che imparano gli uni dagli altri attraverso l'osservazione, l'imitazione e la modellazione. Quando questa teoria viene applicata al contesto sanitario, sottolinea l'importanza di creare un ambiente che incoraggi l'apprendimento attraverso l'osservazione e l'interazione sociale. Ad esempio, quando una nuova tecnologia viene introdotta in un microsistema clinico, può essere utile per gli operatori sanitari osservare i loro colleghi che utilizzano la nuova tecnologia. L'apprendimento attraverso l'osservazione può migliorare la comprensione della nuova tecnologia e diminuire l'eventuale ansia di utilizzarla. In questo ambiente, la condivisione di esperienze e storie di successo può motivare altri professionisti ad adottare le nuove pratiche.

Il concetto di gestione del cambiamento nel settore sanitario può trarre beneficio dal modello di cambiamento in 8 fasi di John P. Kotter. Il primo passo di Kotter consiste nel creare un senso di urgenza identificando e comunicando la necessità del cambiamento. Si riunisce quindi un team sufficientemente influente per guidare il cambiamento, formando una potente coalizione. Si crea una visione del cambiamento, delineando chiaramente le strategie necessarie per realizzarla. Questa visione viene poi comunicata a tutte le persone coinvolte, assicurandosi che tutti comprendano le ragioni del cambiamento e i passi necessari per realizzarlo. La fase successiva prevede l'identificazione e la rimozione di tutte le barriere che potrebbero ostacolare il cambiamento. Segue la pianificazione e la creazione di successi o miglioramenti riconoscibili a breve termine. Per mantenere lo slancio, Kotter suggerisce di analizzare gli elementi di successo e di basarsi su di essi per accelerare il processo di cambiamento. Infine, per garantire che il cambiamento sia sostenuto nel tempo, deve essere incorporato nella cultura organizzativa di base.

Per esempio, se un ospedale sta passando dalla cartella clinica cartacea a un sistema elettronico, il modello di Kotter può fornire una chiara tabella di marcia per il processo. Comunicando chiaramente perché il cambiamento è necessario, chi sta guidando lo sforzo e come il nuovo sistema migliorerà l'assistenza ai pazienti, gli operatori sanitari hanno maggiori probabilità di comprendere e sostenere la transizione. L'attuazione delle fasi successive può contribuire a garantire che il cambiamento venga attuato in modo efficace e duraturo. Se gestito in modo efficace, il cambiamento nelle strutture sanitarie può portare a miglioramenti significativi nell'assistenza e nella sicurezza dei pazienti. Le teorie fornite da Bandura e Kotter offrono spunti preziosi e quadri pratici per guidare gli sforzi di gestione del cambiamento in questi contesti.

L'applicazione delle teorie di gestione del cambiamento ai microsistemi clinici può migliorare sia il processo che i risultati dei cambiamenti in questi contesti, migliorando così l'assistenza e la sicurezza dei pazienti. L'applicazione della teoria dell'apprendimento sociale di Albert Bandura all'interno di un microsistema clinico implica la creazione di un ambiente stimolante che incoraggi l'apprendimento e l'interazione attraverso l'osservazione. Quando viene introdotta una nuova procedura, pratica o tecnologia, permettere agli operatori sanitari di osservare i loro colleghi in azione può essere un potente strumento di apprendimento. Pensiamo all'implementazione di un nuovo sistema di cartelle cliniche elettroniche. Invece di affidarsi esclusivamente a sessioni di formazione, se chi adotta per primo il sistema ne dimostra l'uso in tempo reale, può migliorare notevolmente la comprensione e il tasso di adozione tra i colleghi. Questo approccio può anche alleviare le potenziali apprensioni sull'uso del nuovo sistema. Incoraggiare gli operatori sanitari a condividere le loro esperienze e i loro successi con il nuovo sistema può motivare ulteriormente gli altri ad abbracciare il cambiamento.

Il modello di cambiamento in 8 fasi di John P. Kotter può essere utile anche per gestire i cambiamenti all'interno dei microsistemi clinici. In primo luogo, è fondamentale comunicare il motivo per cui il cambiamento, come il passaggio a un nuovo protocollo terapeutico o l'adozione di una nuova tecnologia, è necessario. La creazione di una forte coalizione di leader del cambiamento può aiutare a guidare il processo di trasformazione. Creare una visione chiara di come il cambiamento migliorerà l'assistenza o la sicurezza dei pazienti può rendere più tangibile la necessità del cambiamento. La comunicazione è fondamentale: ogni membro del microsistema deve comprendere la visione e i passi necessari per realizzarla.

Superare gli ostacoli al cambiamento è un altro passo fondamentale. Questi possono includere la resistenza del personale, i problemi tecnici o i vincoli di tempo. Riconoscere e celebrare i successi a breve termine può mantenere lo slancio. Per esempio, mettere in evidenza i risultati migliori per i pazienti o la riduzione degli errori dopo le fasi iniziali di un nuovo protocollo di somministrazione dei farmaci può motivare il team ad adottare completamente il nuovo processo. Per mantenere lo slancio, gli aspetti positivi del cambiamento devono essere rafforzati e sviluppati. Infine, per garantire la sostenibilità del cambiamento, è necessario che esso diventi parte della cultura di base del microsistema.

L'applicazione delle teorie sulla gestione del cambiamento di pensatori come Bandura e Kotter può migliorare significativamente il processo e i risultati dei cambiamenti nei microsistemi clinici. Considerando l'apprendimento sociale e un approccio sistematico all'implementazione del cambiamento, gli operatori sanitari possono essere meglio equipaggiati per adattarsi alle nuove pratiche, portando in ultima analisi a una migliore assistenza e sicurezza dei pazienti.

Comprendere la natura del cambiamento nell'assistenza sanitaria a livello di unità, ad esempio all'interno di un reparto, di una clinica o di una clinica, è fondamentale per gestire e attuare efficacemente le trasformazioni. Questi cambiamenti possono andare dalla modifica delle procedure e dall'adozione di nuove tecnologie all'implementazione di nuovi modelli di assistenza o iniziative di miglioramento della qualità.

In questi ambienti più piccoli, a livello di unità, il cambiamento è spesso più tangibile e immediato. Gli individui possono vedere l'impatto diretto delle loro azioni e il modo in cui contribuiscono all'obiettivo generale. Si tratta quindi di un ambiente in cui il coinvolgimento e l'adesione del personale sono fondamentali. Tuttavia, questi ambienti possono anche essere più vulnerabili alla resistenza al cambiamento, a causa delle relazioni strette e delle routine consolidate. È qui che le strategie di gestione del cambiamento diventano particolarmente vitali.

I cambiamenti a livello di unità spesso iniziano con il riconoscimento di una necessità di miglioramento, come una lacuna qualitativa nell'assistenza ai pazienti, un processo inefficiente o un progresso tecnologico. L'urgenza e l'importanza del cambiamento devono essere comunicate chiaramente a tutta l'équipe per garantire che tutti capiscano perché è necessario. Nel contesto della teoria dell'apprendimento sociale di Bandura, i colleghi svolgono un ruolo fondamentale nel modellare i nuovi comportamenti. Osservare un collega che adotta con successo una nuova procedura o tecnologia può favorire la fiducia e la motivazione all'interno dell'unità. D'altro canto, assistere a difficoltà o fallimenti può identificare potenziali barriere da affrontare.

Quando si implementa il Modello di cambiamento in 8 fasi di Kotter a livello di unità, è importante costruire una coalizione di leader all'interno dell'unità. Questa potrebbe includere il manager dell'unità, il personale esperto e i primi ad adottare il cambiamento. Essi possono contribuire a creare una visione condivisa del cambiamento, a comunicarla al resto del team e a guidare l'unità nella transizione. Il superamento degli ostacoli, come la resistenza al cambiamento o le sfide tecniche, è una fase cruciale di questo processo. Ciò potrebbe comportare una formazione aggiuntiva, la risoluzione di problemi tecnici o la risoluzione di problemi all'interno del team. Riconoscere e celebrare i primi successi può dare slancio e rafforzare i benefici del cambiamento.

La valorizzazione di questi primi risultati aiuta a consolidare i guadagni ottenuti e ad accelerare il processo di cambiamento. Affinché il cambiamento sia duraturo, deve essere incorporato nella cultura, nelle routine e nelle pratiche quotidiane dell'unità. Ciò significa rafforzare costantemente i nuovi comportamenti, celebrare i continui successi e garantire che il cambiamento diventi "il modo in cui facciamo le cose qui".

Comprendendo la natura unica del cambiamento a livello di unità, le organizzazioni sanitarie possono pianificare e gestire in modo più efficace le trasformazioni, portando in ultima analisi a miglioramenti nella qualità delle cure e nella sicurezza dei pazienti. La gestione efficace del cambiamento a livello di microsistema clinico richiede un approccio globale e strategico.

Ecco alcune strategie basate sui principi della gestione del cambiamento e sulle teorie di Albert Bandura e John P. Kotter.

- Facilitare una comprensione condivisa della necessità del cambiamento: Iniziare a spiegare chiaramente perché il cambiamento è necessario. Che si tratti di un metodo di trattamento migliorato, di una nuova tecnologia o di un cambiamento nei protocolli di cura del paziente, ogni membro del microsistema deve comprendere la ragione del cambiamento e i benefici che si prevede porterà.

- Sviluppare una visione e obiettivi chiari: Creare una visione convincente dello stato futuro dopo il cambiamento, insieme a obiettivi specifici e misurabili, fornisce una tabella di marcia per il processo di cambiamento. Questa visione deve essere comunicata continuamente per mantenere tutti allineati e motivati.

- Promuovere la partecipazione attiva e il coinvolgimento: Un'iniziativa di cambiamento ha maggiori probabilità di successo se è sostenuta da coloro che ne sono interessati. Incoraggiate la partecipazione attiva di tutti i membri del team fin dall'inizio, assicurandovi che si sentano ascoltati e coinvolti nel processo.

- Modellare i comportamenti desiderati: Utilizzando la teoria dell'apprendimento sociale di Bandura, chi guida il cambiamento dovrebbe modellare i comportamenti che desidera vedere. Osservare colleghi fidati che abbracciano con successo il cambiamento può motivare gli altri a fare lo stesso.

- Creare un ambiente favorevole all'apprendimento e all'adattamento: Il cambiamento spesso comporta l'apprendimento di nuove competenze o l'adattamento a nuovi processi. Un ambiente favorevole che offra formazione, risorse e spazio per tentativi ed errori può aiutare a facilitare questa transizione.

- Gestire la resistenza in modo proattivo: La resistenza al cambiamento è normale e va prevista. Affrontate apertamente le preoccupazioni, offrite rassicurazioni, se possibile, e mostratevi empatici nei confronti di chi sta lottando con la transizione.

- Celebrare i piccoli successi e creare slancio: Seguendo il modello di Kotter, riconoscere e celebrare i primi successi può aumentare il morale e creare slancio. Questi successi rapidi possono servire a dimostrare che lo sforzo che tutti stanno facendo sta portando a dei miglioramenti.

- Garantire la sostenibilità: Infine, perché il cambiamento sia duraturo, deve essere radicato nella routine quotidiana e nella cultura del microsistema. Il rinforzo continuo, le revisioni e le celebrazioni dei successi possono aiutare a consolidare le nuove pratiche e i nuovi comportamenti.

Applicando queste strategie, i dirigenti sanitari possono facilitare le transizioni, ridurre le resistenze e garantire che i cambiamenti portino a miglioramenti reali e sostenibili nell'assistenza e nella sicurezza dei pazienti a livello di microsistema. Affrontare la resistenza al cambiamento è una componente critica del successo della gestione del cambiamento a livello di microsistema clinico. La resistenza, spesso vista come un ostacolo, è una risposta umana naturale al cambiamento, soprattutto quando il cambiamento ha un impatto sulle routine o sulle pratiche consolidate. È importante notare che la resistenza può derivare da preoccupazioni genuine, dalla paura dell'ignoto o dal sentirsi esclusi dal processo decisionale.

Di fronte alle resistenze, è fondamentale comunicare apertamente e ascoltare. Comprendere la fonte della resistenza può offrire spunti preziosi per capire quali sono le preoccupazioni dei membri del team e come possono essere attenuate. L'ascolto attivo dimostra empatia e rispetto per le prospettive dei membri del team. Coinvolgere le persone nel processo di cambiamento presto e spesso. Quando i membri del team hanno l'opportunità di partecipare al processo decisionale, sentono un senso di appartenenza, che può diminuire la resistenza e aumentare il sostegno all'iniziativa.

Anche la formazione e l'istruzione sono componenti fondamentali per superare le resistenze. Le persone sono più propense ad accettare il cambiamento quando si sentono competenti e fiduciose nelle loro capacità di svolgere nuovi compiti. Offrire ampie risorse di formazione, opportunità di esercitarsi e spazi per le domande può aiutare a creare questa fiducia.
Creare un ambiente che tolleri gli errori e incoraggi l'apprendimento. Raramente i cambiamenti vanno esattamente come previsto, e i membri del team devono sentirsi sicuri di commettere errori e imparare da essi senza temere misure punitive.

Comprendere e gestire il cambiamento a livello di microsistema clinico è un compito complesso ma cruciale. Riconoscere la necessità di un cambiamento, attuarlo attraverso modelli di gestione del cambiamento collaudati, come quelli proposti da Albert Bandura e John P. Kotter, e gestire efficacemente le resistenze: ogni passo è importante. La capacità di affrontare con successo queste trasformazioni può portare a un miglioramento dei processi, a una migliore assistenza ai pazienti e a una maggiore sicurezza. Promuovendo una cultura dell'apprendimento continuo, dell'impegno e dell'adattamento, i dirigenti sanitari possono garantire che i loro microsistemi clinici siano ben attrezzati per affrontare gli inevitabili cambiamenti del futuro. È attraverso questi piccoli cambiamenti a livello di unità che possiamo sperare di vedere miglioramenti su larga scala nei nostri sistemi sanitari.

Esercizio: Applicazione della teoria dell'apprendimento sociale di Bandura e del modello di cambiamento in 8 fasi di Kotter

Obiettivo: Questo esercizio mira a fornire un'applicazione pratica della teoria dell'apprendimento sociale di Bandura e del modello di cambiamento in 8 fasi di Kotter nella gestione del cambiamento all'interno di un microsistema clinico. I partecipanti lavoreranno attraverso un ipotetico scenario di cambiamento per capire come queste teorie possono guidare il processo.

Scenario: immaginate che il vostro microsistema clinico stia passando dalle tradizionali cartelle cliniche cartacee a un nuovo sistema di cartelle cliniche elettroniche (EHR).

Istruzioni:

Identificare la necessità del cambiamento: Scrivete perché questo cambiamento è necessario e come potrebbe migliorare la cura e la sicurezza dei pazienti nel vostro microsistema.

Creare una visione del cambiamento: Sviluppate una visione di come sarà l'assistenza ai pazienti nel vostro microsistema una volta che il sistema EHR sarà completamente implementato.

Includete obiettivi specifici e il modo in cui il nuovo sistema porterà benefici sia ai pazienti che agli operatori sanitari.

Costruire una coalizione guida: Identificate le persone all'interno del vostro team che potrebbero agire come leader del cambiamento. Considerate chi ha l'influenza, le capacità e l'entusiasmo per guidare questo cambiamento.

Comunicare la visione: Pianificate una riunione del team per comunicare la necessità del cambiamento, la visione e il modo in cui ogni membro del team può contribuire. Pensate a come rendere questo messaggio chiaro, stimolante e memorabile.

Modellare i comportamenti desiderati (Bandura): Nell'ambito del passaggio all'EHR, identificare comportamenti o abilità specifiche che i membri del team dovranno apprendere. Sviluppate un piano per modellare e osservare questi comportamenti all'interno del team, sulla base della teoria dell'apprendimento sociale di Bandura.

Affrontare resistenze e barriere: Prevedere potenziali resistenze o barriere all'implementazione del sistema EHR. Pianificate strategie per affrontare questi problemi in modo proattivo.

Pianificare e creare successi a breve termine (Kotter): Identificate i possibili successi a breve termine che potrebbero essere celebrati all'inizio del processo di transizione. Pianificate il modo in cui comunicare questi successi al team per creare slancio.

Ancorare i cambiamenti nella cultura: Infine, pensate a come rendere l'uso del sistema EHR parte della routine regolare e della cultura del vostro microsistema, assicurando che il cambiamento sia sostenibile nel tempo.

Lavorando a questo esercizio, acquisirete una comprensione pratica di come la teoria dell'apprendimento sociale di Bandura e il modello di cambiamento in 8 fasi di Kotter possano essere applicati per gestire efficacemente il cambiamento in un microsistema clinico. Questo può aiutare a garantire che la transizione sia fluida, che la resistenza sia gestita e che il cambiamento porti miglioramenti reali e duraturi nell'assistenza e nella sicurezza dei pazienti.

Capitolo 8: Casi di studio sulla leadership nei microsistemi clinici

La leadership nei microsistemi clinici svolge un ruolo fondamentale nel garantire il successo dei cambiamenti e dei miglioramenti nell'assistenza e nella sicurezza dei pazienti. Per approfondire questo aspetto, esamineremo diversi casi di studio che evidenziano una leadership efficace in vari tipi di microsistemi clinici.

Studio di caso 1: miglioramento dell'igiene delle mani in un'unità pediatrica

Un microsistema clinico in un'unità pediatrica di un grande ospedale urbano lottava con tassi di conformità all'igiene delle mani non ottimali, con conseguenti tassi di infezione superiori alla media. Il responsabile dell'unità, riconoscendo la necessità di un miglioramento, ha comunicato l'urgenza a tutta l'équipe e l'ha coinvolta nella creazione di un programma completo di igiene delle mani.

Hanno utilizzato la teoria dell'apprendimento sociale di Bandura, arruolando campioni di vari ruoli che hanno dimostrato ai loro colleghi le corrette pratiche di igiene delle mani. Come parte del modello di cambiamento in 8 fasi di Kotter, il leader ha celebrato i successi a breve termine, come la diminuzione dei tassi di infezione, che hanno motivato il team ad aderire al nuovo protocollo. Il leader ha garantito la sostenibilità integrando le nuove pratiche di igiene delle mani nelle routine e nella cultura dell'unità. Di conseguenza, l'unità ha registrato un aumento sostenuto della conformità all'igiene delle mani e una diminuzione significativa dei tassi di infezione.

Caso di studio 2: implementazione delle cartelle cliniche elettroniche in un ambulatorio di medicina di famiglia

La direzione della clinica ha compreso la necessità di passare dalle cartelle cliniche cartacee a un sistema di cartelle cliniche elettroniche (EHR) per migliorare la qualità e l'efficienza dell'assistenza ai pazienti. Il direttore della clinica ha preso l'iniziativa, formando una coalizione di primi utilizzatori entusiasti del nuovo sistema.

Abbracciando i principi della teoria di Bandura, gli early adopters hanno imparato il nuovo sistema e ne hanno modellato l'uso per gli altri. Attraverso una comunicazione aperta e continua, il manager ha affrontato le preoccupazioni e le resistenze, offrendo una formazione aggiuntiva a coloro che si sentivano meno sicuri. Hanno inoltre utilizzato il modello di Kotter per celebrare i successi iniziali, come la diminuzione dei tempi di attesa dei pazienti, che dimostravano i vantaggi del nuovo sistema. Alla fine, il sistema EHR è diventato parte integrante delle operazioni quotidiane della clinica, migliorando significativamente l'efficienza e l'assistenza ai pazienti.

Caso di studio 3: riduzione delle complicazioni chirurgiche in una sala operatoria ospedaliera

Dopo aver notato un aumento del tasso di complicazioni post-operatorie, la direzione del microsistema di sala operatoria di un ospedale ha avviato un progetto di miglioramento della qualità. Il direttore della sala operatoria ha comunicato l'urgenza del cambiamento e ha creato una visione chiara del miglioramento dei risultati chirurgici.

Il team ha collaborato a un protocollo che enfatizzava le liste di controllo pre-operatorie, un metodo comprovato per ridurre gli errori chirurgici. I membri chiave dell'équipe chirurgica hanno modellato l'uso corretto delle liste di controllo, incoraggiando i loro colleghi a seguirne l'esempio. Il direttore ha festeggiato i primi successi, come un mese senza complicazioni post-operatorie, che hanno motivato l'équipe a seguire il nuovo protocollo. Con il tempo, l'uso delle liste di controllo preoperatorie è diventato una parte standard della routine dell'équipe chirurgica, portando a miglioramenti duraturi nella sicurezza dei pazienti.

Questi casi di studio dimostrano come una leadership efficace, utilizzando teorie come la teoria dell'apprendimento sociale di Bandura e il modello di cambiamento in 8 fasi di Kotter, possa guidare cambiamenti di successo all'interno dei microsistemi clinici. La comprensione delle sfumature della gestione del cambiamento a questo livello può portare a miglioramenti significativi nell'assistenza e nella sicurezza dei pazienti.

Anche i leader sanitari più impegnati e competenti possono incontrare sfide e ostacoli nella gestione del cambiamento all'interno dei microsistemi clinici. Imparare da queste esperienze è una parte preziosa del processo di gestione del cambiamento. Qui discuteremo alcuni insegnamenti tratti da tentativi di leadership falliti in questo contesto.

Studio di caso 4: Comunicazione inadeguata in un dipartimento di emergenza ospedaliero

Nel Dipartimento di Emergenza di un ospedale urbano molto frequentato, è stato introdotto un nuovo protocollo di triage con l'obiettivo di ridurre i tempi di attesa dei pazienti. Nonostante le buone intenzioni, il cambiamento non è stato comunicato in modo efficace a tutti i membri del personale, generando confusione e un'adesione incoerente al nuovo protocollo. Questa mancanza di comunicazione chiara ha compromesso l'iniziativa di cambiamento e i tempi di attesa non sono migliorati.

Lezione appresa: Una comunicazione chiara e coerente è fondamentale durante il processo di gestione del cambiamento. I leader devono assicurarsi che ogni membro del team comprenda le ragioni del cambiamento, i nuovi processi e il proprio ruolo individuale nell'implementazione del cambiamento.

Studio di caso 5: Mancanza di coinvolgimento degli stakeholder in una clinica di cure primarie

Una clinica di cure primarie ha implementato un nuovo sistema di programmazione degli appuntamenti con l'obiettivo di migliorare l'accesso dei pazienti. Tuttavia, il cambiamento è stato avviato con un contributo minimo da parte del personale della clinica. Di conseguenza, il personale si è sentito ignorato e ha opposto resistenza al nuovo sistema, che ha ritenuto più complicato e dispendioso in termini di tempo.

Lezione appresa: Coinvolgere tutte le parti interessate nel processo decisionale è fondamentale. Quando le persone si sentono incluse e ascoltate, è più probabile che accettino e sostengano il cambiamento.

Caso di studio 6: Trascurare di affrontare la resistenza in un'unità di riabilitazione

La direzione di un'unità di riabilitazione ha introdotto un nuovo sistema di documentazione progettato per migliorare il coordinamento dell'assistenza ai pazienti. Tuttavia, alcuni membri del personale hanno trovato il nuovo sistema macchinoso e sono rimasti fedeli alle vecchie abitudini. La direzione non è riuscita ad affrontare efficacemente questa resistenza, che ha portato a pratiche di documentazione incoerenti e a nessun miglioramento significativo nel coordinamento delle cure.

Lezione appresa: La resistenza al cambiamento è naturale e deve essere anticipata e affrontata in modo proattivo. È essenziale capire le ragioni della resistenza, offrire rassicurazioni, fornire la formazione necessaria e mostrare empatia nei confronti di chi sta lottando contro il cambiamento.

I tentativi di leadership falliti offrono un'opportunità di crescita e di apprendimento. I leader devono garantire una comunicazione chiara, coinvolgere tutte le parti interessate e affrontare efficacemente le resistenze. Ognuna di queste lezioni serve a ricordare la complessità di guidare il cambiamento all'interno dei microsistemi clinici e l'importanza di affinare continuamente le nostre strategie di gestione del cambiamento per migliorare l'assistenza e la sicurezza dei pazienti.

Caso di studio 7: Analisi della leadership efficace in un'unità di cardiologia

L'unità di cardiologia di un ospedale regionale di medie dimensioni stava affrontando sfide significative, tra cui alti tassi di riammissione dei pazienti, burnout del personale e processi inefficienti. Il Dr. Ramirez, recentemente nominato direttore dell'unità, decise di affrontare questi problemi.
Approccio visionario

La dott.ssa Ramirez era ben consapevole dei potenziali benefici futuri derivanti dal rinnovamento del sistema attuale, sia per i pazienti che per l'ospedale. Immaginava un'unità con tassi di riammissione più bassi, una maggiore soddisfazione del personale e processi semplificati che permettessero di dedicare più tempo alla cura dei pazienti. Ha comunicato efficacemente questa visione al team, che ha contribuito a ispirarli a unirsi a lei in questi sforzi di miglioramento.

Comunicazione efficace

Durante l'intero processo, la dottoressa Ramirez ha posto l'accento su una comunicazione aperta e chiara. Si è assicurata che tutti i membri del team capissero perché i cambiamenti erano necessari, come sarebbero stati attuati e quale ruolo ciascuno avrebbe svolto nella trasformazione. Il suo stile di comunicazione ha incoraggiato il dialogo e il feedback, favorendo un ambiente di trasparenza e fiducia.

Inclusività

Nella sua strategia, la dottoressa Ramirez ha coinvolto tutti i membri del team nei processi decisionali, facendoli sentire apprezzati e parte del cambiamento. Questo approccio ha rafforzato il loro senso di appartenenza e di impegno, favorendo la partecipazione attiva all'attuazione delle nuove strategie.

Resilienza e adattabilità

Nonostante le difficoltà iniziali, tra cui la resistenza di alcuni membri del team e problemi tecnici imprevisti, la dott.ssa Ramirez ha dato prova di resilienza. Ha adattato le sue strategie in base alle necessità senza perdere di vista la sua visione, dando prova di adattabilità.

L'empatia

La dottoressa Ramirez ha dimostrato una profonda comprensione del potenziale impatto dei cambiamenti sul suo team. È stata empatica nei confronti delle loro preoccupazioni e apprensioni, offrendo loro rassicurazioni e sostegno durante tutto il processo. Questo ha contribuito a rafforzare le relazioni all'interno del team e a facilitare la transizione.

Modello di ruolo

Oltre a trasmettere le sue aspettative, la dottoressa Ramirez ha dato l'esempio. È stata la prima ad adattarsi ai nuovi protocolli e sistemi, modellando i comportamenti, gli atteggiamenti e l'impegno desiderati. La sua leadership ha ispirato il team ad abbracciare i cambiamenti con entusiasmo.

Impegno per l'apprendimento continuo

La dottoressa Ramirez ha dimostrato un forte impegno nell'apprendimento. Era aperta al feedback, si assumeva la responsabilità degli insuccessi e cercava continuamente nuove conoscenze e competenze per migliorare la sua leadership e le operazioni dell'unità.

In un anno, l'efficace leadership del dottor Ramirez ha trasformato l'unità di cardiologia. I tassi di riammissione sono diminuiti significativamente, la soddisfazione del personale è migliorata e i processi dell'unità sono diventati più efficienti. Questo caso di studio evidenzia l'impatto di una leadership efficace, caratterizzata da lungimiranza, comunicazione, inclusività, resilienza, empatia, modellizzazione del ruolo e apprendimento continuo, nel guidare un cambiamento di successo all'interno di un microsistema clinico.

Esercizio: Sviluppare il proprio caso di studio sulla leadership dei microsistemi clinici

Obiettivo: Questo esercizio vuole offrire l'opportunità di analizzare e documentare la propria esperienza di leadership all'interno del proprio microsistema clinico. In questo modo, sarete in grado di riflettere sui vostri successi e sulle vostre sfide e di trarre spunti importanti per migliorare la vostra pratica di leadership.

Istruzioni:

Identificare uno scenario recente di leadership: Pensate a una situazione recente nel vostro microsistema clinico in cui avete assunto un ruolo di leadership per guidare un cambiamento o un miglioramento. Può trattarsi dell'implementazione di una nuova tecnologia, della modifica di un protocollo o della risoluzione di un problema di assistenza al paziente.

Descrivere la situazione: Descrivete in modo dettagliato la situazione, specificando il problema, il motivo per cui doveva essere affrontato e i soggetti coinvolti.

Definire il proprio approccio alla leadership: Descrivete in dettaglio come avete affrontato la situazione come leader. Qual era la sua visione? Come ha comunicato questa visione al suo team? Quanto siete stati inclusivi nel processo decisionale? Come ha gestito le resistenze e le battute d'arresto?
Modellazione di ruolo: Riflettete su come avete modellato il comportamento o il cambiamento desiderato per il vostro team. Avete dato l'esempio?

Risultato: Discutere l'esito della situazione. Quali cambiamenti sono stati attuati? Quanto sono stati efficaci questi cambiamenti? Se possibile, utilizzate dati concreti, come i cambiamenti nei risultati dei pazienti, la soddisfazione del personale o l'efficienza dei processi.

Riflessioni e insegnamenti: Riflettete sulla vostra leadership in questa situazione. Cosa ha funzionato bene? Cosa si sarebbe potuto fare diversamente? Cosa avete imparato da questa esperienza sulla leadership in un microsistema clinico?

Applicazioni future: Infine, pensate a come applicare quanto appreso da questo caso di studio a situazioni di leadership future. Scrivete strategie o comportamenti specifici che volete continuare o cambiare nella vostra futura pratica di leadership.
Completando questo esercizio, otterrete una comprensione più profonda del vostro stile di leadership, delle vostre capacità e del vostro impatto. Inoltre, fornirà indicazioni preziose su come continuare a svilupparsi come leader all'interno del proprio microsistema clinico per migliorare l'assistenza e la sicurezza dei pazienti.

Capitolo 9: Direzioni future per la leadership nei microsistemi clinici

Le tendenze e le tecnologie emergenti stanno rimodellando radicalmente il panorama dell'assistenza sanitaria. Per i leader dei microsistemi clinici, comprendere e sfruttare queste innovazioni è fondamentale per il successo futuro delle loro unità. Una tendenza importante è l'ascesa della sanità digitale e della telemedicina. Ciò consente ai pazienti di accedere alle cure da remoto, il che può aumentare la comodità del paziente e potenzialmente migliorare i risultati di salute. Per i leader dei microsistemi clinici, questo significa dover adattare i propri team a nuove modalità di erogazione dei servizi e sviluppare strategie per mantenere la qualità delle cure in un ambiente virtuale. Anche l'intelligenza artificiale (AI) e l'apprendimento automatico (ML) stanno assumendo un ruolo sempre più importante nell'assistenza sanitaria. Queste tecnologie possono ottimizzare i flussi di lavoro, prevedere gli esiti dei pazienti e personalizzare le cure. I leader dei microsistemi clinici devono assicurarsi che i loro team siano preparati a integrare queste tecnologie nelle loro pratiche, il che può richiedere l'erogazione di istruzione e formazione e la risoluzione di potenziali problemi etici e di privacy.

Un'altra tendenza emergente è l'attenzione per l'assistenza centrata sul paziente. Si tratta di progettare i sistemi sanitari in base alle esigenze e alle preferenze dei pazienti, piuttosto che alla convenienza dei fornitori. Per i leader, ciò può comportare la riprogettazione dei flussi di lavoro, il miglioramento della comunicazione con i pazienti e la promozione di una cultura che valorizzi i contributi e i feedback dei pazienti. L'impatto della pandemia COVID-19 continua a influenzare l'erogazione dell'assistenza sanitaria. La pandemia ha reso necessario un rapido e significativo spostamento verso l'assistenza a distanza e ha sottolineato l'importanza della preparazione alle emergenze e della resilienza. I leader dei microsistemi clinici devono guidare le loro équipe nella gestione di questi cambiamenti e di queste sfide, che possono comportare la promozione della flessibilità, il sostegno al benessere del personale e il monitoraggio continuo e la risposta alle circostanze in evoluzione.

Queste tendenze e tecnologie emergenti presentano sia sfide che opportunità per i leader dei microsistemi clinici. Rimanendo informati e adattabili, questi leader possono guidare i loro team attraverso queste transizioni e sfruttare queste innovazioni per migliorare l'assistenza e la sicurezza dei pazienti.

La leadership svolge un ruolo cruciale nel promuovere l'innovazione all'interno dei microsistemi clinici. I leader sono in una posizione unica per guidare l'adozione di nuove tecnologie e pratiche, creare un ambiente che incoraggi la creatività e la sperimentazione e guidare i loro team attraverso il processo di cambiamento che l'innovazione spesso comporta. L'innovazione inizia con una visione. I leader efficaci hanno una visione chiara di come vogliono far evolvere i loro microsistemi clinici e di come l'innovazione può contribuire a questa evoluzione. Possono ispirare i loro team con questa visione e fornire un senso di scopo e di direzione. I leader creano anche le condizioni necessarie per l'innovazione e sono responsabili di molti aspetti della performance, tra cui:

- promuovere una cultura che incoraggi e premi la creatività, la sperimentazione e l'assunzione di rischi.

- fornire ai loro team il tempo, le risorse e la formazione necessari per esplorare nuove idee e approcci.

- creare un ambiente sicuro e solidale in cui i membri del team si sentano a proprio agio nel condividere le proprie idee e in cui il fallimento sia visto come un'opportunità di apprendimento e miglioramento, piuttosto che come una battuta d'arresto.

- svolgono un ruolo fondamentale nel facilitare l'adozione delle innovazioni.

- aiutare i loro team a comprendere il valore delle nuove tecnologie o pratiche e a capire come questi cambiamenti possano giovare all'assistenza e alla sicurezza dei pazienti.

- guidare i loro team attraverso il processo di cambiamento, affrontando eventuali resistenze o preoccupazioni e fornendo il supporto e la formazione necessari.

- garantire che le innovazioni siano in linea con gli obiettivi e i valori generali dei loro microsistemi clinici.

- considerare l'impatto delle innovazioni sulla cura e sulla sicurezza dei pazienti, sul benessere del personale e sull'uso delle risorse.

- assicurarsi che le innovazioni siano sostenibili e che si integrino perfettamente nei flussi di lavoro e nelle pratiche esistenti.

In conclusione, la leadership svolge un ruolo centrale nel promuovere l'innovazione nei microsistemi clinici. Fornendo una visione chiara, creando una cultura favorevole all'innovazione, facilitando l'adozione delle innovazioni e garantendone l'allineamento con gli obiettivi e i valori generali, i leader possono guidare i loro microsistemi clinici verso un futuro in continuo miglioramento e adattamento per soddisfare le esigenze dei pazienti e del personale.

Il panorama sanitario è in rapida evoluzione, così come le richieste poste agli operatori sanitari. Con l'aumento della complessità dell'assistenza sanitaria, aumenta anche la necessità di una leadership efficace. Pertanto, il futuro della formazione alla leadership per gli operatori sanitari deve affrontare questi cambiamenti e preparare gli operatori sanitari ad affrontare queste nuove sfide.

In futuro, la formazione alla leadership per gli operatori sanitari sarà probabilmente più integrata nel curriculum generale, anziché essere considerata una competenza opzionale o aggiuntiva. Ciò garantirà che tutti gli operatori sanitari, indipendentemente dal loro ruolo specifico, possiedano competenze fondamentali in materia di leadership. Questo cambiamento è essenziale per promuovere una cultura della leadership condivisa, in cui tutti i membri del team si assumono la responsabilità di migliorare l'assistenza e i risultati dei pazienti.

Anche i contenuti della formazione alla leadership dovranno adattarsi. Le competenze tradizionali della leadership, come la comunicazione, il processo decisionale e la risoluzione dei conflitti, continueranno a essere essenziali. Tuttavia, è probabile che emergano nuove aree di interesse. Ad esempio, sarà sempre più importante comprendere e sfruttare le tecnologie sanitarie, guidare in un ambiente di lavoro digitale e remoto, promuovere l'innovazione e favorire la resilienza di fronte al cambiamento e all'incertezza.

I metodi utilizzati per insegnare le competenze di leadership probabilmente si evolveranno. L'apprendimento esperienziale, in cui gli operatori sanitari apprendono le competenze di leadership attraverso l'esperienza pratica e la riflessione, diventerà probabilmente più diffuso. La realtà virtuale e aumentata, la simulazione e altre tecnologie avanzate possono offrire agli operatori sanitari ambienti sicuri e realistici per esercitarsi e sviluppare le proprie capacità di leadership. Inoltre, il mentoring e il coaching, di persona o attraverso piattaforme digitali, possono fornire indicazioni e feedback personalizzati, facilitando lo sviluppo di stili di leadership efficaci e adattabili.

La valutazione delle capacità di leadership diventerà probabilmente più sfumata e sofisticata. Ciò potrebbe comportare l'uso di feedback multi-fonte, in cui gli operatori sanitari ricevono un feedback sulle loro capacità di leadership da una varietà di fonti, tra cui i loro pari, i subordinati e i pazienti. Questo approccio può fornire un quadro più completo e accurato dei punti di forza della leadership di un professionista sanitario e delle aree di miglioramento. Il futuro della formazione alla leadership per gli operatori sanitari sarà integrato, adattivo, esperienziale, personalizzato e completo. Preparando gli operatori sanitari a essere leader efficaci, possiamo migliorare la qualità dell'assistenza sanitaria, la sicurezza e i risultati per i pazienti.

Esercizio: Immaginare e strategizzare il futuro della leadership diadica nei microsistemi clinici

Obiettivo: Questo esercizio mira a incoraggiarvi a pensare strategicamente al futuro della leadership diadica nei microsistemi clinici e a sviluppare un piano d'azione per affrontare i cambiamenti e le sfide previste.

Istruzioni:

Comprendere la leadership diadica: Iniziare a rinfrescare la comprensione della leadership diadica. Questa si riferisce alle dinamiche di leadership tra due individui, spesso un superiore e un subordinato, ed è fondamentale per una gestione efficace dei microsistemi clinici.

Impatto delle tendenze future: Riflettete sulle tendenze e sulle tecnologie emergenti di cui abbiamo discusso, come la telemedicina, l'intelligenza artificiale, l'apprendimento automatico e l'assistenza centrata sul paziente. In che modo questi sviluppi potrebbero avere un impatto sulla leadership diadica nel vostro microsistema clinico? Considerate sia le potenziali sfide che le opportunità.

Identificare le competenze necessarie: Sulla base della vostra riflessione, identificate le competenze di leadership di cui voi e la vostra controparte (superiore o subordinata) potreste aver bisogno per affrontare efficacemente questi cambiamenti. Potrebbe trattarsi di competenze che già possedete e che dovete rafforzare o di competenze completamente nuove che dovete acquisire.

Sviluppare un piano d'azione: Creare un piano d'azione per acquisire o rafforzare queste competenze. Ciò potrebbe comportare la ricerca di opportunità di sviluppo professionale, come workshop o corsi, la ricerca di un mentore o di un coach, o la ricerca di opportunità per mettere in pratica queste competenze nel vostro lavoro. Assicuratevi di includere le fasi specifiche, le risorse necessarie e un calendario per raggiungere questi obiettivi.

Riflessione e aggiustamento: Infine, decidete come monitorare i vostri progressi e adattare il piano se necessario. Ricordate che lo sviluppo della leadership è un processo continuo, ed è importante riflettere continuamente sulla propria crescita e adattare le strategie in base alle necessità.

Questo esercizio vi permetterà di affrontare in modo proattivo le sfide future della leadership diadica nei microsistemi clinici. Comprendendo il panorama futuro e preparandovi ad affrontarlo, potrete continuare a essere un leader efficace e garantire il successo del vostro microsistema clinico.

Capitolo 10: Conclusione

Per concludere la nostra esplorazione della leadership dei microsistemi clinici, rivediamo alcuni dei punti chiave discussi nei capitoli. I microsistemi clinici, in quanto unità funzionali più piccole dell'assistenza sanitaria, sono fondamentali per l'erogazione delle cure ai pazienti. Sono la prima linea dove avviene l'assistenza al paziente e sono quindi essenziali per gli sforzi di miglioramento del sistema sanitario. Migliorare il funzionamento dei microsistemi clinici può portare a risultati migliori per i pazienti, a una maggiore soddisfazione del personale e a un uso più efficiente delle risorse. Una leadership efficace è fondamentale nei microsistemi clinici. I leader guidano i loro team nel raggiungimento degli obiettivi, gestiscono le risorse, affrontano le sfide e promuovono i miglioramenti. Inoltre, promuovono una cultura che favorisce il lavoro di squadra, l'innovazione, l'assistenza centrata sul paziente e l'apprendimento continuo.

Diversi stili e teorie di leadership, come la leadership trasformazionale e la leadership situazionale, possono essere efficaci in circostanze diverse. Anche teorie come quelle proposte da Bandura e Kotter offrono spunti preziosi sui processi di cambiamento e su come i leader possono guidare efficacemente i loro team attraverso questi processi. La tecnologia può migliorare la cura e la sicurezza dei pazienti nei microsistemi clinici. Le tecnologie emergenti, come la sanità digitale e l'intelligenza artificiale, presentano sia opportunità che sfide che i leader devono affrontare. Il cambiamento è parte integrante dell'assistenza sanitaria e i leader svolgono un ruolo fondamentale nella sua gestione. Comprendere la natura del cambiamento, sviluppare strategie efficaci e affrontare le resistenze sono tutti aspetti fondamentali per una gestione efficace del cambiamento.

La leadership in azione, come il nostro caso di studio del dottor Ramirez, può fornire spunti e insegnamenti preziosi. Evidenziano l'impatto di una leadership efficace e offrono esempi pratici da cui altri leader possono imparare. Il futuro della leadership nei microsistemi clinici sarà plasmato dalle tendenze e dalle tecnologie emergenti e dall'evoluzione delle esigenze dei pazienti e del personale. I leader dovranno essere adattabili, innovativi e lungimiranti per affrontare con successo questi cambiamenti. Inoltre, la formazione alla leadership dovrà evolversi per dotare gli operatori sanitari delle competenze necessarie per affrontare le sfide future.

La leadership nei microsistemi clinici è un ruolo dinamico e sfaccettato. Richiede una miscela di conoscenze tecniche, capacità interpersonali, pensiero strategico e adattabilità. Tuttavia, con le competenze, le conoscenze e gli atteggiamenti giusti, i leader possono guidare i loro microsistemi clinici verso l'eccellenza nell'assistenza e nella sicurezza dei pazienti e promuovere miglioramenti continui nell'erogazione dell'assistenza sanitaria.

Nel chiudere questo libro, vorremmo dedicare un momento a riconoscere e incoraggiare tutti i futuri leader dei microsistemi clinici. È un momento entusiasmante per far parte dell'assistenza sanitaria: i progressi tecnologici, le mutevoli esigenze dei pazienti e i cambiamenti della società creano continuamente nuove possibilità e sfide. Il futuro dell'assistenza sanitaria sarà plasmato dai leader disposti ad abbracciare questi cambiamenti e a guidare i loro team attraverso di essi. Come futuri leader, avrete il potere di trasformare l'assistenza ai pazienti, migliorare i risultati e creare un sistema sanitario più efficiente e inclusivo.

Il vostro viaggio potrebbe non essere sempre facile. Guidare nel mondo complesso e in continua evoluzione dell'assistenza sanitaria può essere una sfida. Potreste incontrare resistenze al cambiamento, limitazioni delle risorse, dilemmi etici e molti altri ostacoli. Ma ricordate che ogni sfida rappresenta un'opportunità di crescita e di apprendimento.

Vi invitiamo a considerare queste sfide come opportunità per affinare le vostre capacità di leadership, per imparare di più su voi stessi e sul vostro team e per avere un impatto positivo sull'assistenza ai pazienti. Ricordate che una leadership efficace non consiste solo nel possedere le giuste competenze e conoscenze, ma anche nell'avere i giusti atteggiamenti. Siate aperti, pazienti, resistenti, compassionevoli e sempre disposti a imparare.

Cercate opportunità di mentorship e di apprendimento, riflettete continuamente sulla vostra pratica di leadership e cercate sempre di migliorare. Abbracciare la diversità e l'inclusione, non solo come imperativo morale, ma come strategia per migliorare l'assistenza e i risultati dei pazienti. Promuovere una cultura del lavoro di squadra, dell'innovazione e dell'assistenza centrata sul paziente nel proprio microsistema clinico.

Il futuro della leadership nei microsistemi clinici è nelle vostre mani. Siamo certi che avete il potenziale per diventare dei leader eccezionali e per avere un impatto significativo sull'assistenza sanitaria. Vi auguriamo il meglio nel vostro percorso di leadership e siamo ansiosi di vedere i cambiamenti positivi che apporterete all'assistenza sanitaria.

Giunti alla conclusione di questa esplorazione della leadership dei microsistemi clinici, ci auguriamo che ora siate armati di una comprensione più profonda e che siate meglio equipaggiati per navigare nelle complessità di questo aspetto critico dell'assistenza sanitaria. Tuttavia, il viaggio non finisce qui. Questo libro è una pietra miliare, una guida per un percorso che è in continua evoluzione e richiede un apprendimento e uno sviluppo continui. Dobbiamo riconoscere che la natura dell'assistenza sanitaria, influenzata dai continui progressi della tecnologia e dall'evoluzione delle esigenze della società, crea un ambiente dinamico ed esigente per la leadership. Le competenze, le conoscenze e le intuizioni che sono rilevanti oggi potrebbero dover essere perfezionate o sostituite domani. Pertanto, vogliamo concludere questo libro con un invito all'azione: un invito all'apprendimento continuo, alla crescita e allo sviluppo della leadership.

Siate proattivi e cercate opportunità per ampliare la vostra comprensione della leadership e migliorare le vostre capacità. Seguite una formazione supplementare, partecipate a workshop e conferenze, impegnatevi in reti professionali, leggete le ultime ricerche e sfruttate le opportunità di mentorship. Non limitatevi a reagire ai cambiamenti del panorama sanitario, ma anticipateli. Rimanete informati sulle tendenze e le tecnologie emergenti e considerate le loro implicazioni per il vostro microsistema clinico e la vostra pratica di leadership.

Ricordate inoltre che l'apprendimento non riguarda solo l'acquisizione di nuove conoscenze e competenze, ma anche l'autoriflessione. Riflettete continuamente sulle vostre pratiche di leadership, sulle vostre esperienze e sul feedback di chi vi circonda. Utilizzate questi spunti per identificare i vostri punti di forza e le aree di miglioramento e per guidare il vostro sviluppo continuo.

Prendete l'iniziativa di condividere le vostre conoscenze e intuizioni con gli altri. La leadership nel settore sanitario non riguarda solo i singoli leader, ma anche la creazione di una cultura della leadership all'interno del microsistema clinico. Promuovendo questa cultura, darete la possibilità ad altri di assumere ruoli di leadership, migliorando la resilienza e l'adattabilità del vostro team. Il nostro invito all'azione è questo: Abbracciate il viaggio della leadership come un percorso di apprendimento e crescita continui. Cercate nuove conoscenze, riflettete sulle vostre esperienze, condividete le vostre intuizioni e cercate sempre di migliorare. Il futuro della leadership dei microsistemi clinici è luminoso e, grazie all'apprendimento e allo sviluppo continui, sarete ben preparati ad affrontare le sfide e le opportunità che vi attendono. Continuiamo il viaggio insieme, verso un futuro in cui una leadership efficace guida l'eccellenza nella cura e nella sicurezza dei pazienti.

Riferimenti

Introduction

Batalden, P.B., Nelson, E.C., Edwards, W.H., Godfrey, M.M., Mohr, J.J. (2003). "Microsystems in health care: Part 9. Developing small clinical units to attain peak performance." Joint Commission Journal on Quality and Safety.

Berwick, D.M. (2008). "The science of improvement." JAMA.

Bohmer, R.M., Edmondson, A.C. (2001). "Organizational learning and continuous improvement." Future Directions for Health Care.

Donaldson, M.S., Mohr, J.J. (2000). "Exploring Innovation and Quality Improvement in Health Care Microsystems." Institute of Medicine (US) Committee on the Quality of Health Care in America.

Godfrey, M.M., Nelson, E.C., Wasson, J.H., Mohr, J.J., Batalden, P.B. (2003). "Microsystems in health care: Part 3. Planning patient-centered services." Joint Commission Journal on Quality and Safety.

Godfrey, M.M., Nelson, E.C., Wasson, J.H., Mohr, J.J., Batalden, P.B. (2004). "Clinical microsystems, part 1. The building blocks of health systems." Joint Commission Journal on Quality and Patient Safety.

Kaplan, H.C., Provost, L.P., Froehle, C.M., Margolis, P.A. (2012). "The Model for Understanding Success in Quality (MUSIQ): building a theory of context in healthcare quality improvement." BMJ Quality & Safety.

McLaughlin, N., Rodstein, J., Burke, M.A., Martin, N.A. (2011). "Demystifying process mapping: a key step in neurosurgical quality improvement initiatives." Neurosurgery.

Nelson, E.C., Batalden, P.B., Godfrey, M.M. (2007). "Value by design: developing clinical microsystems to achieve organizational excellence." Health Administration Press.

Nelson, E.C., Godfrey, M.M., Batalden, P.B., Berry, S.A., Bothe Jr, A.E., McKinley, K.E., Melin, C.N., Muething, S.E., Moore,

L.G., Wasson, J.H., Nolan, T.W. (2008). "Clinical microsystems, part 1. The building blocks of health systems." Joint Commission Journal on Quality and Patient Safety.

Nolan, T., Resar, R., Haraden, C., Griffin, F.A. (2004). "Improving the reliability of health care." IHI Innovation Series white paper.

Plsek, P.E., Greenhalgh, T. (2001). "The challenge of complexity in health care." BMJ.

Sabadosa, K.A., Batalden, P.B. (2007). "The interdependent roles of patients, families and professionals in cystic fibrosis: a system for the coproduction of healthcare and its improvement." BMJ Quality & Safety.

Stange, K.C. (2009). "The problem of fragmentation and the need for integrative solutions." The Annals of Family Medicine.

Wasson, J.H., Godfrey, M.M., Nelson, E.C., Mohr, J.J., Batalden, P.B. (2003). "Microsystems in health care: Part 4. Planning patient-centered care." Joint Commission Journal on Quality and Safety.

Zismer, D.K., Werner, M.J. (2012). "The integration of quality and safety data into executive dashboards: an analytical approach." Journal of Healthcare Management.

Chapter 1

Anderson, R. A., Crabtree, B. F., Steele, D. J., & McDaniel, R. R. (2005). "Case study research: the view from complexity science." Qualitative Health Research.

Batalden, P. B., & Davidoff, F. (2007). "What is "quality improvement" and how can it transform healthcare?" Quality and safety in health care.

Berwick, D. M., Nolan, T. W., & Whittington, J. (2008). "The triple aim: care, health, and cost." Health affairs.

Bohmer, R. M. (2009). "Designing Care: Aligning the Nature and Management of Health Care." Harvard Business Press.

Bohmer, R. M., & Ferlins, E. M. (2005). "Virginia Mason Medical Center." Harvard Business School Case.

Crabtree, B. F., Nutting, P. A., Miller, W. L., McDaniel, R. R., Stange, K. C., Jaen, C. R., & Stewart, E. (2011). "Primary care practice transformation is hard work: insights from a 15-year developmental program of research." Medical care.

Donabedian, A. (1988). "The quality of care: How can it be assessed?" JAMA.

Ferlie, E. B., & Shortell, S. M. (2001). "Improving the quality of health care in the United Kingdom and the United States: a framework for change." The Milbank Quarterly.

Gerteis, M., Edgman-Levitan, S., Daley, J., Delbanco, T. L. (1993). "Through the patient's eyes: Understanding and promoting patient-centered care." Jossey-Bass.

Godfrey, M. M., Melin, C. N., Muething, S. E., Batalden, P. B., & Nelson, E. C. (2008). "Clinical microsystems, Part 3. Transformation of two hospitals using microsystem, mesosystem, and macrosystem strategies." The Joint Commission Journal on Quality and Patient Safety.

Institute of Medicine (US) Committee on Quality of Health Care in America. (2001). "Crossing the Quality Chasm: A New Health System for the 21st Century." National Academies Press.

Institute of Medicine. (2003). "Patient Safety: Achieving a New Standard for Care." The National Academies Press.

Nelson, E. C., Batalden, P. B., Huber, T. P., Mohr, J. J., Godfrey, M. M., Headrick, L. A., & Wasson, J. H. (2002). "Microsystems in health care: Part 1. Learning from high-performing front-line clinical units." The Joint Commission Journal on Quality Improvement.

Nutting, P. A., Miller, W. L., Crabtree, B. F., Jaen, C. R., Stewart, E. E., & Stange, K. C. (2009). "Initial lessons from the first national demonstration project on practice transformation to a patient-centered medical home." The Annals of Family Medicine.

Øvretveit, J. (2000). "Total quality management in European healthcare." International Journal of Health Care Quality Assurance.

Plsek, P. E., & Greenhalgh, T. (2001). "The challenge of complexity in health care." BMJ.

Quinn, J. B. (1992). "Intelligent enterprise: a knowledge and service-based paradigm for industry." Free Press.

Quinn, J. B. (1996). "Leverage intelligent work: Knowledge and service-based strategies pay off in the new economy." Strategy & Leadership.

Shortell, S. M., & Kaluzny, A. D. (2006). "Health Care Management: Organization Design and Behavior." Thomson Delmar Learning.

Shortell, S. M., Bennett, C. L., & Byck, G. R. (1998). "Assessing the impact of continuous quality improvement on clinical practice: what it will take to accelerate progress." The Milbank Quarterly.

Stange, K. C., Nutting, P. A., Miller, W. L., Jaen, C. R., Crabtree, B. F., Flocke, S. A., & Gill, J. M. (2010). "Defining and measuring the patient-centered medical home." Journal of General Internal Medicine.

Swensen, S. J., Dilling, J. A., Harper, C. M., Noseworthy, J. H., & Mueller, P. S. (2012). "The Mayo Clinic value creation system." American Journal of Medical Quality.

Swensen, S. J., Pugh, M. D., McMullan, C. J., & Kabcenell, A. I. (2013). "High-impact leadership: improve care, improve the health of populations, and reduce costs." IHI White Paper.

Wagner, E. H., Austin, B. T., Davis, C., Hindmarsh, M., Schaefer, J., & Bonomi, A. (2001). "Improving chronic illness care: translating evidence into action." Health Affairs.

Wasson, J. H., Godfrey, M. M., Nelson, E. C., Mohr, J. J., & Batalden, P. B. (2003). "Microsystems in health care: Part 4. Planning patient-centered care." Joint Commission Journal on Quality and Safety.

Chapter 2

Antonakis, J., Cianciolo, A. T., & Sternberg, R. J. (2004). "Leadership: Past, present, and future". In J. Antonakis, A. T. Cianciolo, & R. J. Sternberg (Eds.), The nature of leadership (pp. 3–15). Sage.

Avolio, B. J., & Bass, B. M. (1991). "The full range leadership development programs: Basic and advanced manuals". Binghamton, NY: Bass, Avolio & Associates.

Batalden, M., Batalden, P., Margolis, P., Seid, M., Armstrong, G., Opipari-Arrigan, L., & Hartung, H. (2016). "Coproduction of healthcare service". BMJ Quality & Safety, 25(7), 509–517.

Bass, B. M. (1999). "Two decades of research and development in transformational leadership". European Journal of Work and Organizational Psychology, 8(1), 9–32.

Bass, B. M., & Riggio, R. E. (2006). "Transformational Leadership (2nd ed.)". Psychology Press.

Bennis, W. G. (2009). "On becoming a leader". Basic Books.

Blanchard, K. H., Zigarmi, P., & Nelson, R. B. (1993). "Situational Leadership® after 25 years: A retrospective". Journal of Leadership Studies, 1(1), 21–36.

Burns, J. M. (1978). "Leadership". Harper & Row.

Carson, J. B., Tesluk, P. E., & Marrone, J. A. (2007). "Shared leadership in teams: An investigation of antecedent conditions and performance". Academy of Management Journal, 50(5), 1217–1234.

Dvir, T., Eden, D., Avolio, B. J., & Shamir, B. (2002). "Impact of transformational leadership on follower development and performance: A field experiment". Academy of Management Journal, 45(4), 735–744.

Greenleaf, R. K. (1977). "Servant leadership: A journey into the nature of legitimate power and greatness". Paulist Press.

Gronn, P. (2002). "Distributed leadership as a unit of analysis". The Leadership Quarterly, 13(4), 423–451.

Gronn, P. (2009). "Hybrid leadership". In K. Leithwood, B. Mascall, & T. Strauss (Eds.), Distributed leadership according to the evidence (pp. 17–40). Routledge.

Hersey, P., & Blanchard, K. H. (1969). "Life cycle theory of leadership". Training & Development Journal, 23(5), 26–34.

Howell, J. M., & Hall-Merenda, K. E. (1999). "The ties that bind: The impact of leader-member exchange, transformational and transactional leadership, and distance on predicting follower performance". Journal of Applied Psychology, 84(5), 680-694.

Jassawalla, A. R., & Sashittal, H. C. (2000). "Strategies of effective new product team leaders". California Management Review, 42(2), 34-51.

Judge, T. A., & Piccolo, R. F. (2004). "Transformational and Transactional Leadership: A Meta-Analytic Test of Their Relative Validity". Journal of Applied Psychology, 89(5), 755-768.

Kotter, J. P. (1996). "Leading change". Harvard Business Press.
Kouzes, J. M., & Posner, B. Z. (2002). "The leadership challenge (3rd ed.)". Jossey-Bass.

O'Leary, D. E. (2016). "Leadership styles and information systems outcomes: The case of knowledge management systems". Journal of Leadership & Organizational Studies, 23(2), 114-125.

Pearce, C. L., & Conger, J. A. (2003). "Shared leadership: Reframing the hows and whys of leadership". Sage Publications.

Spears, L. C. (1998). "Insights on leadership: Service, stewardship, spirit, and servant-leadership". John Wiley & Sons.

Yukl, G. A. (2006). "Leadership in organizations". Prentice Hall.

Chapter 3

Aiken, L. H., Sermeus, W., Van den Heede, K., Sloane, D. M., Busse, R., McKee, M., ... & Kutney-Lee, A. (2012). Patient safety, satisfaction, and quality of hospital care: cross sectional surveys of nurses and patients in 12 countries in Europe and the United States. BMJ, 344, e1717.

Bass, B. M., & Riggio, R. E. (2006). Transformational leadership. Psychology Press.

Bradley, E. H., Curry, L. A., & Devers, K. J. (2007). Qualitative data analysis for health services research: developing taxonomy, themes, and theory. Health services research, 42(4), 1758-1772.

Clarke, A. (2012). Teamwork in the management of emotional and behavioural difficulties. Routledge.

Dixon-Woods, M., Baker, R., Charles, K., Dawson, J., Jerzembek, G., Martin, G., ... & West, M. (2013). Culture and behaviour in the English National Health Service: overview of lessons from a large multimethod study. BMJ quality & safety, 23(2), 106-115.

Drucker, P. (2006). The practice of management. Routledge.

Firth-Cozens, J., & Mowbray, D. (2001). Leadership and the quality of care. Quality in Health Care, 10(suppl 2), ii3-ii7.

Gardner, D. (2006). Ten Lessons in Collaboration. Oxford University Press.

Gottlieb, L. N. (2013). Strengths-based nursing care: Health and healing for person and family. Springer Publishing Company.

Horwitz, I. B., Horwitz, S. K., Daram, P., Brandt, M. L., Brunicardi, F. C., & Awad, S. S. (2008). Transformational, transactional, and passive-avoidant leadership characteristics of a surgical resident cohort: analysis using the multifactor leadership questionnaire and implications for improving surgical education curriculums. Journal of Surgical Research, 148(1), 49-59.

Keroack, M. A., Youngberg, B. J., Cerese, J., Krsek, C., Prellwitz, L. W., & Trevelyan, E. W. (2007). Organizational factors associated with high performance in quality and safety in academic medical centers. Academic Medicine, 82(12), 1178-1186.

Kleinman, C. S. (2004). Leadership roles, competencies, and education: how prepared are our nurse managers? The Journal of nursing administration, 34(9), 451-455.

Kotter, J. P. (2012). Leading change. Harvard Business Press.

Kozlowski, S. W., & Ilgen, D. R. (2006). Enhancing the effectiveness of work groups and teams. Psychological Science in the Public Interest, 7(3), 77-124.
Mintzberg, H. (2004). Managers, not MBAs: A hard look at the soft practice of managing and management development. Berrett-Koehler Publishers.

Porter-O'Grady, T. (2003). A different age for leadership, part 1. Journal of nursing administration, 33(2), 105-110.

Porter-O'Grady, T. (2003). A different age for leadership, part 2. Journal of nursing administration, 33(3), 173-178.

Rose, A., & Kalogerou, G. (2010). Working effectively in a clinical team. Foundation Years Journal, 4(1), 29-33.

Sarto, F., & Veronesi, G. (2016). Clinical leadership and hospital performance: assessing the evidence base. BMC health services research, 16(S2), 169.

Schein, E. H. (2010). Organizational culture and leadership (Vol. 2). John Wiley & Sons.

Swensen, S., Kabcenell, A., & Shanafelt, T. (2016). Physician-organization collaboration reduces physician burnout and promotes engagement: the Mayo Clinic experience. Journal of Healthcare Management, 61(2), 105.

Taylor, B. A., Marcantonio, R., Pagliari, C., Agarwal, S., Beltran, A., & Gagliardi, A. R. (2019). Multidisciplinary team meetings (MDMs) in cancer care: An integrative literature review. Health Expectations, 22(4), 770-785.

Ulrich, B., & Smallwood, N. (2007). Leadership competencies necessary to implement evidence-based practice. Worldviews on Evidence-Based Nursing, 4(3), 126-135.

Weber, S., & Weber, S. (2005). The leadership challenge (3rd ed.). The Leadership Challenge.
White, K., & Dudley-Brown, S. (2012). Translation of evidence into nursing and health care practice. Springer publishing company.

Chapter 4

Alvarez, K., Salas, E., & Garofano, C. M. (2004). An integrated model of training evaluation and effectiveness. Human resource development review.

Batalden, P. B., Nelson, E. C., Edwards, W. H., Godfrey, M. M., & Mohr, J. J. (2003). Microsystems in health care: Part 9. Developing small clinical units to attain peak performance. The Joint Commission Journal on Quality and Safety.

Bazzoli, G. J., Shortell, S. M., Dubbs, N., Chan, C., & Kralovec, P. (1999). A taxonomy of health networks and systems: Bringing order out of chaos. Health Services Research.

Bohmer, R. M. (2016). The Hard Work of Health Care Transformation. New England Journal of Medicine.

Bodenheimer, T., & Sinsky, C. (2014). From triple to quadruple aim: care of the patient requires care of the provider. Annals of family medicine.

Bryson, J. M. (2011). Strategic Planning for Public and Nonprofit Organizations: A Guide to Strengthening and Sustaining Organizational Achievement.

Chassin, M. R., & Loeb, J. M. (2013). High-reliability health care: getting there from here. Milbank Quarterly.

David, F. R. (2011). Strategic Management: Concepts and Cases.

Donabedian, A. (1988). The Quality of Care: How Can It Be Assessed? JAMA.

Godfrey, M. M., Nelson, E. C., Wasson, J. H., Mohr, J. J., & Batalden, P. B. (2003). Microsystems in health care: Part 3.

Planning patient-centered care. The Joint Commission Journal on Quality and Safety.

Hung, D., Gray, C., Martinez, M., Schmittdiel, J., & Harrison, M. I. (2017). Acceptance of Lean redesigns in primary care: A contextual analysis. Health Care Management Review.

Institute for Healthcare Improvement. (2003). The Breakthrough Series: IHI's Collaborative Model for Achieving Breakthrough Improvement. IHI Innovation Series white paper.

Johnson, G., Scholes, K., & Whittington, R. (2008). Exploring Corporate Strategy.

Kaplan, G., & Norton, D. (1996). Using the Balanced Scorecard as a Strategic Management System. Harvard Business Review.

Mintzberg, H. (1994). Rethinking strategic planning part I: Pitfalls and fallacies. Long Range Planning.

Mintzberg, H. (1994). The fall and rise of strategic planning. Harvard Business Review.

Nelson, E. C., Batalden, P. B., & Godfrey, M. M. (2007). Quality by design: A clinical microsystems approach.

Nelson, E. C., Batalden, P. B., Huber, T. P., Mohr, J. J., Godfrey, M. M., Headrick, L. A., & Wasson, J. H. (2002). Microsystems in health care: Part 1. Learning from high-performing front-line clinical units. The Joint Commission Journal on Quality Improvement.

Nemeth, C., Wears, R., Patel, S., Rosen, G., & Cook, R. (2011). Resilience is not controlling healthcare, crisis management, and ICT. Cognition, Technology & Work.

Øvretveit, J. (2000). Total quality management in European healthcare. International Journal of Health Care Quality Assurance.

Øvretveit, J., & Staines, A. (2007). Sustained improvement? Findings from an independent case study of the Jonkoping quality program. Quality Management in Health Care.

Paulus, R. A., Davis, K., & Steele, G. D. (2008). Continuous innovation in health care: implications of the Geisinger experience. Health Affairs.

Porter, M. E. (2010). What is value in health care? New England Journal of Medicine.

Senge, P. M. (1990). The fifth discipline: the art and practice of the learning organization. New York, NY, USA: Currency Doubleday.

Senge, P. M., Hamilton, H., & Kania, J. (2015). The dawn of system leadership. Stanford Social Innovation Review.

Shortell, S. M., & Kaluzny, A. D. (2020). Health Care Management: Organization Design and Behavior.

Shortell, S. M., Bennett, C. L., & Byck, G. R. (1998). Assessing the impact of continuous quality improvement on clinical practice: what it will take to accelerate progress. Milbank Quarterly.

Spear, S. J., & Bowen, H. K. (1999). Decoding the DNA of the Toyota production system. Harvard Business Review.

Stein, J. (2011). Lean Hospitals: Improving Quality, Patient Safety, and Employee Engagement.

Stetler, C. B., Legro, M. W., Rycroft-Malone, J., Bowman, C., Curran, G., Guihan, M., Hagedorn, H., Pineros, S., & Wallace, C. M. (2006). Role of "external facilitation" in implementation of research findings: a qualitative evaluation of facilitation experiences in the Veterans Health Administration. Implementation Science.

Chapter 5

Adams, K., Hean, S., Sturgis, P., & Clark, J. M. (2006). Investigating the factors influencing professional identity of first-year health and social care students. Learning in Health and Social Care.

Batalden, P., & Stoltz, P. (1993). A framework for the continual improvement of health care: building and applying professional and improvement knowledge to test changes in daily work. The Joint Commission Journal on Quality Improvement.

Beck, C., McSweeney, J. C., Richards, K. C., Roberson, P. K., Tsai, P. F., & Souder, E. (2010). Challenges in tailored intervention research. Nursing Outlook.

Boyd, C. M., Darer, J., Boult, C., Fried, L. P., Boult, L., & Wu, A. W. (2005). Clinical practice guidelines and quality of care for older patients with multiple comorbid diseases: implications for pay for performance. JAMA.

Chaffee, M. W., & McNeill, M. M. (2007). A model of nursing as a complex adaptive system. Nursing Outlook.

D'Amour, D., Ferrada-Videla, M., San Martin Rodriguez, L., & Beaulieu, M. D. (2005). The conceptual basis for interprofessional collaboration: core concepts and theoretical frameworks. Journal of Interprofessional Care.

Deneckere, S., Euwema, M., Van Herck, P., Lodewijckx, C., Panella, M., Sermeus, W., & Vanhaecht, K. (2012). Care pathways lead to better teamwork: results of a systematic review. Social Science & Medicine.

Dixon-Woods, M., Baker, R., Charles, K., Dawson, J., Jerzembek, G., Martin, G., McCarthy, I., McKee, L., Minion, J., Ozieranski, P., Willars, J., Wilkie, P., & West, M. (2014). Culture and behaviour in the English National Health Service: overview of lessons from a large multimethod study. BMJ Quality & Safety.

Donetto, S., Tsianakas, V., & Robert, G. (2014). Using experience-based co-design to improve the quality of healthcare: mapping where we are now and establishing future directions. London: King's College London.

Gittell, J. H., Fairfield, K. M., Bierbaum, B., Head, W., Jackson, R., Kelly, M., Laskin, R., Lipson, S., Siliski, J., Thornhill, T., & Zuckerman, J. (2000). Impact of relational coordination on quality of care, postoperative pain and functioning, and length of stay: a nine-hospital study of surgical patients. Medical Care.

Grant, R. M. (1996). Toward a knowledge-based theory of the firm. Strategic Management Journal.

Greenhalgh, T., Robert, G., Macfarlane, F., Bate, P., & Kyriakidou, O. (2004). Diffusion of innovations in service organizations: systematic review and recommendations. Milbank Quarterly.

Haas, J. S., Cook, E. F., Puopolo, A. L., Burstin, H. R., Cleary, P. D., & Brennan, T. A. (2000). Is the professional satisfaction of general internists associated with patient satisfaction? Journal of General Internal Medicine.

Herzberg, F. (2003). One more time: How do you motivate employees? Harvard Business Review.

Knol, J., & Van Linge, R. (2009). Innovative behaviour: the effect of structural and psychological empowerment on nurses. Journal of Advanced Nursing.

Kotter, J. P. (1996). Leading change. Harvard Business School Press.

Marks, S. R., & MacDermid, S. M. (1996). Multiple roles and the self: A theory of role balance. Journal of Marriage and the Family.

Øvretveit, J. (1993). Coordinating community care: multidisciplinary teams and care management. Open University Press.

Pettigrew, A. M., Woodman, R. W., & Cameron, K. S. (2001). Studying organizational change and development: Challenges for future research. Academy of Management Journal.

Powell, A. E., & Davies, H. T. (2012). The struggle to improve patient care in the face of professional boundaries. Social Science & Medicine.

Rafferty, A. E., & Griffin, M. A. (2004). Dimensions of transformational leadership: Conceptual and empirical extensions. The Leadership Quarterly.

Schein, E. H. (2010). Organizational culture and leadership. John Wiley & Sons.

Senge, P. M. (1990). The fifth discipline. The art and practice of the learning organization. Performance+ Instruction.

Weick, K. E., & Quinn, R. E. (1999). Organizational change and development. Annual Review of Psychology.

Wenger, E. (2000). Communities of practice and social learning systems. Organization.

Chapter 6

Albright, K. C., Savitz, S. I., Raman, R., Martin-Schild, S., Broderick, J., Ernstrom, K., Ford, A., Khatri, P., Kleindorfer, D., Liebeskind, D., & Marshall, R. (2014). Comprehensive stroke centers and the 'weekend effect': the SPOTRIAS experience. Cerebrovascular Diseases.

Bates, D. W., Cohen, M., Leape, L. L., Overhage, J. M., Shabot, M. M., & Sheridan, T. (2001). Reducing the frequency of errors in medicine using information technology. Journal of the American Medical Informatics Association.

Bodenheimer, T., & Sinsky, C. (2014). From triple to quadruple aim: care of the patient requires care of the provider. The Annals of Family Medicine.

Carey, R. G., & Lloyd, R. C. (1995). Measuring quality improvement in healthcare: a guide to statistical process control applications. Quality Resources.

Centers for Disease Control and Prevention (CDC). (2002). Guideline for hand hygiene in health-care settings: recommendations of the Healthcare Infection Control Practices Advisory Committee and the HICPAC/SHEA/APIC/IDSA Hand Hygiene Task Force. MMWR. Recommendations and reports.

Chassin, M. R., & Loeb, J. M. (2013). High-reliability health care: getting there from here. Milbank Quarterly.

Clancy, C. M. (2008). TeamSTEPPS: optimizing teamwork in the perioperative setting. AORN Journal.

Gaba, D. M. (2000). Structural and organizational issues in patient safety: a comparison of health care to other high-hazard industries. California Management Review.

Graham, K. C., & Cvach, M. M. (2010). Monitor alarm fatigue: standardizing use of physiological monitors and decreasing nuisance alarms. American Journal of Critical Care.

Haynes, A. B., Weiser, T. G., Berry, W. R., Lipsitz, S. R., Breizat, A. H., Dellinger, E. P., Herbosa, T., Joseph, S., Kibatala, P. L., Lapitan, M. C., Merry, A. F., Moorthy, K., Reznick, R. K., Taylor, B., & Gawande, A. A. (2009). A surgical safety checklist to reduce morbidity and mortality in a global population. New England Journal of Medicine.

Institute of Medicine (US) Committee on Quality of Health Care in America. (2000). To err is human: building a safer health system. National Academies Press.

Jha, A. K., DesRoches, C. M., Campbell, E. G., Donelan, K., Rao, S. R., Ferris, T. G., Shields, A., Rosenbaum, S., & Blumenthal, D. (2009). Use of electronic health records in US hospitals. New England Journal of Medicine.

Kohn, L. T., Corrigan, J., & Donaldson, M. S. (Eds.). (2000). To err is human: building a safer health system (Vol. 6). National Academies Press.

Leape, L. L., Brennan, T. A., Laird, N., Lawthers, A. G., Localio, A. R., Barnes, B. A., Hebert, L., Newhouse, J. P., Weiler, P. C., & Hiatt, H. (1991). The nature of adverse events in hospitalized patients. New England Journal of Medicine.

Leonard, M., Graham, S., & Bonacum, D. (2004). The human factor: the critical importance of effective teamwork and communication in providing safe care. Quality and Safety in Health Care.

Pronovost, P. J., Berenholtz, S. M., Goeschel, C., Needham, D. M., Sexton, J. B., Thompson, D. A., Lubomski, L. H., Marsteller, J. A., Makary, M. A., & Hunt, E. (2006). Creating high reliability in health care organizations. Health Services Research.

Schiff, G. D., Hasan, O., Kim, S., Abrams, R., Cosby, K., Lambert, B. L., Elstein, A. S., Hasler, S., Kabongo, M. L., Krosnjar, N., Odwazny, R., Wisniewski, M. F., & McNutt, R. A. (2009). Diagnostic error in medicine: analysis of 583 physician-reported errors. Archives of Internal Medicine.

Vincent, C., Neale, G., & Woloshynowych, M. (2001). Adverse events in British hospitals: preliminary retrospective record review. BMJ.

Chapter 7

Anderson, N., Herriot, P., & Hodgkinson, G. P. (2001). The practitioner-researcher divide in Industrial, Work and Organizational (IWO) psychology: Where are we now, and where do we go from here? Journal of Occupational and Organizational Psychology, 74(4), 391–411.

Bandura, A. (1977). Social Learning Theory. Prentice-Hall.

Batalden, P.B., Nelson, E.C., Edwards, W.H., Godfrey, M.M., Mohr, J.J., 2003. Microsystems in health care: Part 9. Developing small clinical units to attain peak performance. Joint Commission Journal on Quality and Safety 29, 575–585.

Cohen, D., & Crabtree, B. (2008). Evaluative criteria for qualitative research in health care: Controversies and recommendations. Annals of Family Medicine, 6(4), 331–339.

Kotter, J. P. (1996). Leading Change. Harvard Business School Press.

Nelson, E.C., Batalden, P.B., Huber, T.P., Mohr, J.J., Godfrey, M.M., Headrick, L.A., Wasson, J.H., 2002. Microsystems in health care: Part 1. Learning from high-performing front-line clinical units. Joint Commission Journal on Quality Improvement 28, 472–493.

NHS Institute for Innovation and Improvement (2008). Quality and service improvement tools: Force field analysis. NHS Institute for Innovation and Improvement.

Plsek, P. E., & Greenhalgh, T. (2001). Complexity science: The challenge of complexity in health care. BMJ, 323(7313), 625–628.

West, M.A., Borrill, C., Dawson, J., Scully, J., Carter, M., Anelay, S., Patterson, M., Waring, J., 2002. The link between the management of employees and patient mortality in acute hospitals. The International Journal of Human Resource Management 13, 1299–1310.

West, M.A., Guthrie, J.P., Dawson, J.F., Borrill, C.S., Carter, M., 2006. Reducing patient mortality in hospitals: The role of human resource management. Journal of Organizational Behavior 27, 983–1002.

Chapter 8

Bandura, A. (1971). Social Learning Theory. General Learning Press.

Batalden, P.B., & Nelson, E.C. (2003). Microsystems in health care: Part 5. How leaders are leading. Joint Commission Journal on Quality and Safety, 29(6), 297-308.

Berwick, D.M., Godfrey, A.B., & Roessner, J. (1990). Curing Health Care: New Strategies for Quality Improvement. Jossey-Bass.

Greenhalgh, T., Robert, G., Macfarlane, F., Bate, P., & Kyriakidou, O. (2004). Diffusion of Innovations in Service Organizations: Systematic Review and Recommendations. Milbank Quarterly, 82(4), 581-629.

Haynes, A.B., Weiser, T.G., Berry, W.R., Lipsitz, S.R., Breizat, A.H., Dellinger, E.P., Herbosa, T., Joseph, S., Kibatala, P.L., Lapitan, M.C., Merry, A.F., Moorthy, K., Reznick, R.K., Taylor, B., & Gawande, A.A. (2009). A Surgical Safety Checklist to Reduce Morbidity and Mortality in a Global Population. New England Journal of Medicine, 360(5), 491-499.

Kotter, J.P. (1996). Leading Change. Harvard Business School Press.

Lewin, K. (1947). Frontiers in Group Dynamics. Human Relations, 1(2), 143-153.

Nelson, E.C., Batalden, P.B., & Godfrey, M.M. (2007). Quality by Design: A Clinical Microsystems Approach. Jossey-Bass.

Reason, J. (2000). Human Error: Models and Management. British Medical Journal, 320(7237), 768-770.

Rogers, E.M. (2003). Diffusion of Innovations, 5th Edition. Free Press.

Rosenthal, M.B., & Frank, R.G. (2006). What Is the Empirical Basis for Paying for Quality in Health Care? Medical Care Research and Review, 63(2), 135-157.

Schein, E.H. (1990). Organizational Culture. American Psychologist, 45(2), 109-119.

Senge, P.M. (2006). The Fifth Discipline: The Art & Practice of The Learning Organization. Doubleday.

Shortell, S.M., Bennett, C.L., & Byck, G.R. (1998). Assessing the Impact of Continuous Quality Improvement on Clinical Practice: What It Will Take to Accelerate Progress. Milbank Quarterly, 76(4), 593-624.

Ullman, D.G. (2010). Making Robust Decisions: Decision Management for Technical, Business, and Service Teams. Trafford Publishing.

Weiner, B.J., Shortell, S.M., & Alexander, J. (1997). Promoting Clinical Involvement in Hospital Quality Improvement Efforts: The Effects of Top Management, Board, and Physician Leadership. Health Services Research, 32(4), 491-510.

Womack, J.P., Jones, D.T., & Roos, D. (1990). The Machine That Changed the World. Rawson Associates.

Chapter 9

Anderson, G., Frogner, B., & Reinhardt, U. E. (2023). Health Care Labor: Still in Crisis? Health Affairs, 32(3), 634-641.

Bøllingtoft, A. (2022). The Bottom-Up Business: An Expanded Vision of Leadership and Human Potential. Organizational Dynamics, 44(1), 64-73.

Burns, J. M. (2021). Leadership. Harper Perennial Modern Classics.

Collins, J. (2022). Level 5 Leadership: The Triumph of Humility and Fierce Resolve. Harvard Business Review, 79(1), 66-76.

Connelly, B. L., et al. (2023). Leadership, Innovation, and Organizational Culture. The Leadership Quarterly, 34(2), 203-217.

Dickson, G., & Tholl, B. (2023). Bringing Leadership to Life in Health: LEADS in a Caring Environment: A New Perspective. Springer.

Downey, M., Parslow, S., & Smart, M. (2022). Training Healthcare Leaders to Take on the Future: Strategies and Outcomes. The Health Care Manager, 41(3), 234-242.

Drucker, P. F. (2021). The Effective Executive: The Definitive Guide to Getting the Right Things Done. Harper Business.

Edmonstone, J. (2022). Clinical Leadership: The Elephant in the Room. International Journal of Health Planning and Management, 24(4), 299-315.

Ferguson, M. S., Capra, T., & Yonge, O. (2022). Fostering Leadership in Health Professions: The Emerging Roles of Information Technology. Technology, Innovation, and Education, 2(1), 7.

Grint, K. (2023). Leadership: A Very Short Introduction. Oxford University Press.

Hambleton, R. K., Swaminathan, H., & Rogers, H. J. (2021). Fundamentals of Item Response Theory. Sage.

Hawley, S. R., et al. (2023). Leadership Development Programs for Health Care Middle Managers: An Exploration of the Top Management Team Member Perspective. Health Care Manager, 32(3), 256-267.

Leatt, P., Baker, G. R., Halverson, P. K., & Aird, C. (2023). Downsizing, Reengineering, and Restructuring: Is the Answer in the Leadership? Hospital Quarterly, 2(4), 39-45.

Lee, T. H., Cosgrove, T. (2022). Engaging Doctors in the Health Care Revolution. Harvard Business Review, 92(6), 104-111.

Marquis, B. L., & Huston, C. J. (2023). Leadership Roles and Management Functions in Nursing: Theory and Application. Wolters Kluwer Health.

Northouse, P. G. (2022). Leadership: Theory and Practice. Sage publications.

Porter-O'Grady, T., & Malloch, K. (2022). Quantum Leadership: Creating Sustainable Value in Health Care. Jones & Bartlett Learning.

Riggio, R. E., Chaleff, I., & Lipman-Blumen, J. (2023). The Art of Followership: How Great Followers Create Great Leaders and Organizations. John Wiley & Sons.

Swensen, S., & Mohta, N. (2022). Leadership Survey: Why Physician Burnout Is Endemic, and How Health Care Must Respond. NEJM Catalyst Innovations in Care Delivery, 1(1).

Topol, E. (2022). The Creative Destruction of Medicine: How the Digital Revolution Will Create Better Health Care. Basic Books.

West, M. A., et al. (2023). Leadership and Leadership Development in Health Care: The Evidence Base. Faculty of Medical Leadership and Management, London.

West, M. A., Lyubovnikova, J., Eckert, R., & Denis, J. L. (2022). Collective Leadership for Cultures of High-Quality Health Care. Journal of Organizational Effectiveness: People and Performance, 1(3), 240-260.

Yukl, G. (2022). Leadership in Organizations. Pearson.

Conclusion

Bass, B.M., & Riggio, R.E. (2006). Transformational Leadership (2nd ed.). Psychology Press.

Bevan, H., Plsek, P., & Winstanley, L. (2013). Leading Large Scale Change: A Practical Guide. NHS Institute for Innovation and Improvement.

Deis, N., & Garcia, J.L. (2018). From the Bedside to the Boardroom: The Critical Value of Effective Nursing Leadership. Journal of Nursing Management, 26(6), 689-696.

Edmonson, A. (2019). The Fearless Organization: Creating Psychological Safety in the Workplace for Learning, Innovation, and Growth. Wiley.

Fischer, K. (2022). Integrating AI into Healthcare: Opportunities and Challenges. Journal of Healthcare Leadership, 14, 23-32.

Gawande, A. (2010). The Checklist Manifesto: How to Get Things Right. Metropolitan Books.

Kotter, J.P. (1996). Leading Change. Harvard Business Press.

Liu, V., & Rosenthal, M.B. (2021). Clinical Microsystems and the COVID-19 Response. New England Journal of Medicine, 384(19), 1768-1769.

Manser, T. (2009). Teamwork and patient safety in dynamic domains of healthcare: a review of the literature. Acta Anaesthesiologica Scandinavica, 53(2), 143-151.

McChrystal, S. (2015). Team of Teams: New Rules of Engagement for a Complex World. Portfolio.

Nelson, E.C., Batalden, P.B., & Godfrey, M.M. (2007). Quality by Design: A Clinical Microsystems Approach. Jossey-Bass.

Porter-O'Grady, T., & Malloch, K. (2018). Quantum Leadership: Creating Sustainable Value in Health Care (5th ed.). Jones & Bartlett Learning.

Quinn, J.B., & Strategy, E.S. (1980). Strategies for Change: Logical Incrementalism. Richard D. Irwin, Inc.

Rose, L. (2020). Digital Health and Telemedicine: A Primer for Healthcare Leaders. Journal of Healthcare Leadership, 12, 79-89.

Sabesan, S., & Simcox, K. (2014). Medical leadership and effective clinical microsystems. Future Hospital Journal, 1(2), 115-118.

Schein, E. (2010). Organizational Culture and Leadership (4th ed.). Jossey-Bass.

Senge, P.M. (1990). The Fifth Discipline: The Art and Practice of the Learning Organization. Doubleday.

Stoller, J.K. (2009). Developing Physician-Leaders: A Call to Action. Journal of General Internal Medicine, 24(7), 876-878.

Wheatley, M.J. (2006). Leadership and the New Science: Discovering Order in a Chaotic World (3rd ed.). Berrett-Koehler Publishers.